MENSCHEN-KENNTNIS

RITA CARTER

MENSCHEN-KENNTNIS

VERHALTENSWEISEN ENTSCHLÜSSELN. RICHTIG KOMMUNIZIEREN.

Hinweis:
Gemeint sind stets alle Geschlechter. Aus Gründen der Lesbarkeit wird auf die Nennung der Formen verzichtet.

EDITION OLMS AG
Willikonerstr. 10
CH-8618 Oetwil am See/Zürich
Schweiz

Mail: info@edition-olms.com
Web: www.edition-olms.com

ISBN 978-3-283-01277-9

Deutsche Ausgabe
Copyright © 2019 Edition Olms AG, Zürich
Übersetzung: Stefanie Kuballa-Cottone
Lektorat: Julika Zimmermann
Satz: Weiß-Freiburg GmbH, Graphik & Buchgestaltung

Gestaltet und illustriert von Stuart Tolley (Transmission Design)

Bibliografische Information der Deutschen Bibliothek
Die Deutsche Bibliothek verzeichnet diese Publikation in der Deutschen Nationalbibliografie; detaillierte bibliografische Daten sind im Internet über http://dnb.ddb.de abrufbar

© 2018 Quarto Publishing plc.
Text © 2018 Rita Carter

Rita Carter has asserted her moral right to be identified as the Author of this Work in accordance with the Copyright Designs and Patents Act 1988.

Every effort has been made to trace the copyright holders of material quoted in this book. If application is made in writing to the publisher, any omissions will be included in future editions.

Printed in China

INHALT

EINLEITUNG 08
GEBRAUCHSANWEISUNG 10

01 FACE TO FACE

01	Der erste Eindruck	18
02	Was Proportionen verraten	22
03	Schau mir in die Augen	28
04	Signale	32
→	Toolkit 01–04	36
+	Zur Vertiefung	38

02 EMOTIONEN UND IHR AUSDRUCK

05	Makroexpressionen	44
06	Verräterische Mikroexpressionen	48
07	Körpersprache	54
08	Kleider machen Leute	58
→	Toolkit 05–08	62
+	Zur Vertiefung	64

03 PERSÖNLICHKEIT UND WESEN DES MENSCHEN

09	Die Suche nach der menschlichen Natur	70
10	Typen und Stereotype	74
11	Wie Persönlichkeit entsteht	80
12	Gedankenlesen	84

→ Toolkit 09–12   88
✚ Zur Vertiefung   90

04 KOMMUNIKATION UND BEEINFLUSSUNG

13	Gesprächsfluss	96
14	Instinkt vs. Beeinflussung	100
15	Selbstvertrauen	106
16	Macher und Nachzügler	110

→ Toolkit 13–16   114
✚ Zur Vertiefung   116

05 GRUPPEN VERSTEHEN

17	Gruppen	122
18	Familien	126
19	Gruppendenken	132
20	Menschenmassen	136

→ Toolkit 17–20   140
✚ Zur Vertiefung   142

Epilog   144
Die Autorin   149

EINLEITUNG

Einen Menschen zu entschlüsseln ist ein wenig, als läse man ein Buch, das hin und wieder in eine fremde Sprache verfällt. Meist haben wir eine ziemlich genaue Vorstellung davon (oder glauben, sie zu haben), was vor sich geht, wenn wir mit einer anderen Person interagieren. Was jemand sagt, das meint er so, und wenn jemand ein Vorhaben ankündigt, setzt er dies auch um. Tut diese Person dann aber aus scheinbar unerfindlichen Gründen etwas anderes, irritiert uns dieses Verhalten, und häufig verletzt es uns auch.

Solche Verwerfungen in der Kommunikation entstehen zum Teil, weil jemand gezielt täuschen will. Die viel häufigere Ursache ist jedoch, dass die eine Person nicht weiß, was die andere denkt oder warum sie etwas tut. Hier hilft es, zusätzlich die Sprache zu beherrschen, die durch den Körper, den Gesichtsausdruck und – manchmal – durch scheinbar irrationales Verhalten übermittelt wird.

Dieses Buch ist eine Einführung in genau diese Sprache. Es übersetzt die physischen Zeichen, die von den Erlebnissen einer Person erzählen, offenbart durch die Analyse von Mimik, Gestik und Körpersprache die wahren Gefühle und Absichten und deckt einige der psychologischen und biologischen Mechanismen auf, die Menschen zu seltsamen, komplizierten Verhaltensweisen treiben.

Die meisten dieser Mechanismen laufen unbewusst ab. Aus eigener Erfahrung wissen wir, dass wir etwas Komplexes tun können, zum Beispiel Auto fahren oder ein Lied summen, ohne dem unsere gesamte Aufmerksamkeit zu widmen. Forschungen zeigen, dass unser Unterbewusstsein in der Lage ist, ausgefeilte und langfristige Pläne zu schmieden und zu realisieren, ohne dass wir uns ihrer Existenz bewusst sind. In einer Studie wurden die Teilnehmenden auf Kooperation geprimt (das heißt, es wurden unterschwellig Assoziationen aktiviert), bevor sie ein komplexes interaktives Spiel begannen. Sie verfolgten daraufhin eine Strategie, die derjenigen einer anderen Gruppe von Testpersonen ähnelte, die sich zu kooperieren bewusst vorgenommen hatte. Eine weitere Gruppe, die weder Priming noch Kooperationsvorgaben erhalten

> Die unbewussten Vermutungen, die wir über Menschen anstellen, weil sie zufällig in eine bestimmte Schublade unseres mentalen Ablagesystems passen, beeinflussen unser Verhalten stärker, als uns bewusst ist.

hatte, verhielt sich hingegen die ganze Zeit konkurrenzbetont.

Die unbewussten Vermutungen, die wir über Menschen anstellen, weil sie zufällig in eine bestimmte Schublade unseres mentalen Ablagesystems passen, beeinflussen unser Verhalten stärker, als uns bewusst ist. Die Fähigkeit, Freund von Feind zu unterscheiden, sicherte den Frühmenschen das Überleben, und wir fällen ein Urteil über Menschen, bevor wir sie bewusst zur Kenntnis nehmen. Indem wir das Wie und Warum solcher Vorgänge betrachten, können wir lernen, diese angeborene Fähigkeit zu nutzen, ohne sie zu missbrauchen. Das Verständnis dieser Mechanismen ist umso wichtiger, wenn Menschen in kleineren oder größeren Gruppen auftreten, insbesondere in Extremsituationen, in denen Gruppendynamik oder Massenpsychologie dominieren.

Dieses Buch kann menschliches Verhalten nicht vollumfänglich erklären, stellt aber eine Reihe von Instrumenten zur Verfügung, damit Sie eigene Erklärungen finden können. In einer Welt mit immer rasanteren Kommunikationsformen sind derartige Instrumente wichtiger als je zuvor.

GEBRAUCHSANWEISUNG

Fünf Kapitel und zwanzig Lektionen behandeln aktuelle, zeitgemäße Debatten innerhalb der modernen Verhaltenspsychologie.

Jede Lektion stellt ein bedeutendes Konzept vor…

… und erklärt, wie man das Gelernte im Alltag anwenden kann.

Die über das Buch verteilten TOOLKITS helfen, den Überblick über das Gelernte zu behalten.

Am Ende jedes Kapitels geben ausgewählte Tipps Anregungen ZUR VERTIEFUNG der Aspekte, die Sie am interessantesten fanden.

Mit dieser neuen visuellen Reihe wollen wir Ihnen Wissen und Inspiration vermitteln.
BUILD+BECOME hilft, unsere sich rasant wandelnde Welt besser zu verstehen.
Ob man hierbei Schritt für Schritt vorgeht oder alles in einem Rutsch durcharbeitet – es lohnt, sich auf die Themen einzulassen. Genießen Sie es, Ihre grauen Zellen auf Trab zu bringen!

DIE
GESICHTER
IST IM
JEDES
ANGELEGT.

FÄHIGKEIT,
ZU LESEN,
GEHIRN
MENSCHEN

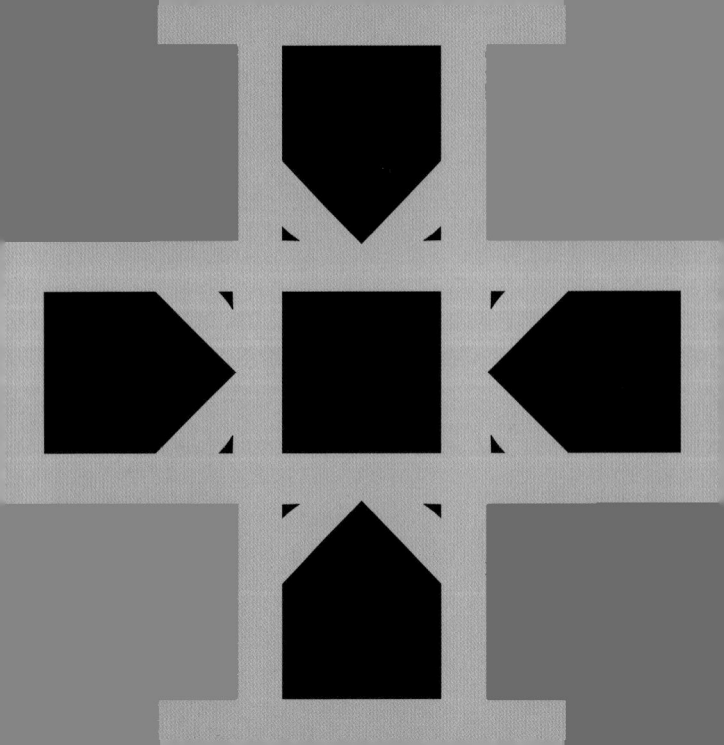

FACE TO FACE

LEKTIONEN

01 DER ERSTE EINDRUCK
Welches Urteil man in einer Zehntelsekunde über jemanden fällt.

02 WAS PROPORTIONEN VERRATEN
Lassen sich Dominanz und Unehrlichkeit am Gesicht ablesen?

03 SCHAU MIR IN DIE AUGEN
Ein tiefer Blick in die Augen ist wie ein Blick ins Gehirn.

04 SIGNALE
Wie sich das Leben im Gesicht abzeichnet.

Wir kommen nicht umhin, in den Gesichtern potenziell gefährlicher Leute nach Informationen über ihre Gedanken und Gefühle zu suchen.

Das Gesicht eines anderen Menschen ist für uns das Faszinierendste auf der Welt. Es verrät uns viel über seinen Besitzer und ist dabei manchmal ehrlicher als Sprache und Taten. Daher kommen wir nicht umhin, in den Gesichtern potenziell gefährlicher Leute nach Informationen über ihre Gedanken und Gefühle zu suchen.

Dieses Wissen über die anderen ist in unserer eng vernetzten Gesellschaft überlebenswichtig. Viele unserer Handlungen werden von anderen beschränkt, und durch das „Lesen" ihrer Gesichter können wir unser eigenes Verhalten anpassen, um sie zu manipulieren, zu erfreuen oder zu beruhigen.

Die auffälligsten Signale, die das Gesicht einer Person aussendet, kommen in Form von Expressionen – willentliche oder unbewusste Bewegungen der Gesichtsmuskeln. Diese sind, in Verbindung mit Sprache, so wirkungsvoll, dass sie häufig die subtileren Botschaften, die sich in der Struktur des Gesichts zeigen, überdecken. Wir nehmen viele der Signale intuitiv war, schenken ihnen aber oft keine Beachtung.

Im ersten Kapitel betrachten wir das menschliche Gesicht, wie ein Paläontologe ein Fossil untersuchen würde: Wir schließen von der physischen Form auf das Verhalten.

Wer Gesichter lesen kann, wird – sobald eine Person bewusst durch Expression, Sprache oder Gesten zu kommunizieren beginnt – bereits einiges über deren Geschichte, Persönlichkeit und Verhalten erahnen.

DER ERSTE EINDRUCK

Die Fähigkeit, Gesichter zu lesen, besitzen wir bereits; sie ist in unserem Gehirn angelegt. Diese Fähigkeit ist so wichtig, dass unser Hirn hierfür ein spezielles System ausgebildet hat, das mit einer erstaunlichen Geschwindigkeit arbeitet. Noch bevor wir eine Person bewusst wahrnehmen, fällt ein uraltes, fest verankertes kognitives System ein komplexes Urteil auf der Grundlage von Gestalt, Form, Proportionen und Expressionen des Gesichts. Es entscheidet zuerst, ob die Person attraktiv oder abstoßend ist, und dann, ob sie kompetent, vertrauenswürdig, extrovertiert oder dominant ist.

Kennen Sie dieses Gefühl von Misstrauen, wenn Sie einen Fremden treffen, ein Zurückschrecken, auch wenn er sich tadellos benimmt? Wenn nicht, dann übergehen Sie wahrscheinlich Ihre scheinbar unerklärliche Intuition und konzentrieren sich lieber auf rationalere Wege der Urteilsbildung.

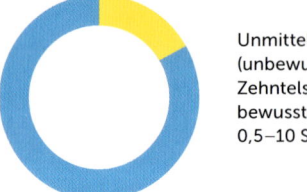

Unmittelbare Reaktion (unbewusst): eine Zehntelsekunde; bewusste Reaktion: 0,5–10 Sekunden

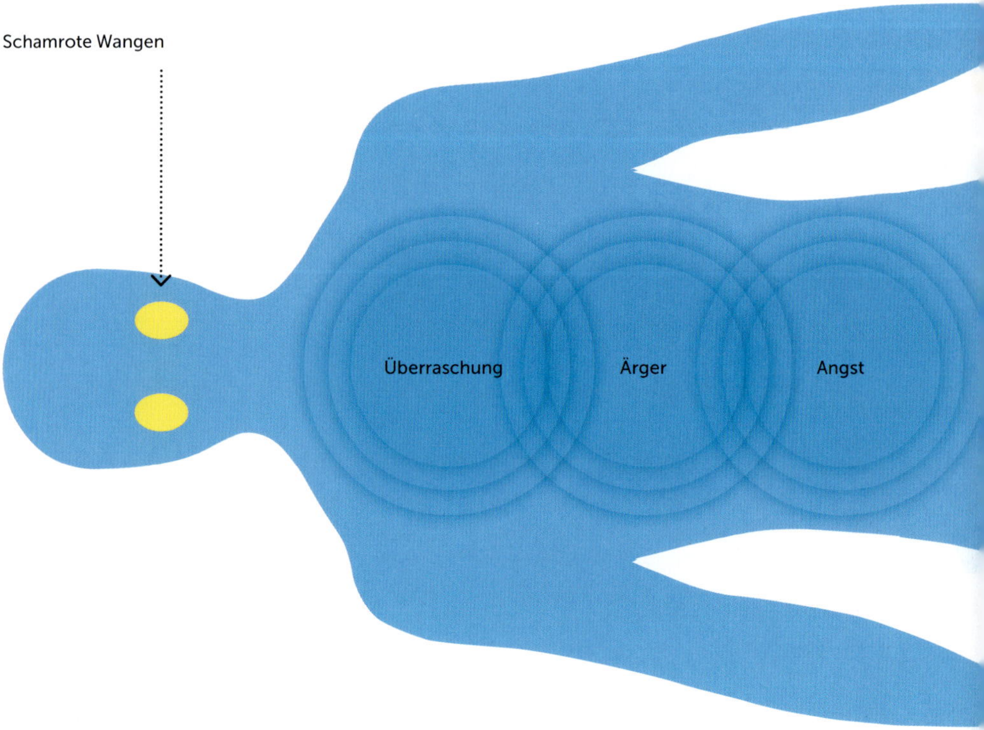

Schamrote Wangen

Überraschung   Ärger   Angst

Reaktionen „aus dem Bauch heraus" scheinen aus dem Nichts zu kommen und sich auf nichts zu gründen. Man kann sie weder einschätzen noch nachprüfen, und sie sind das Ergebnis von Prozessen, auf die wir keinen Zugriff haben, von denen wir nicht einmal wissen. Es erscheint absurd, sie beachten zu wollen. Dennoch gibt es gute Gründe, sich auf sein Bauchgefühl zu verlassen. Die Fähigkeit, sich in Sekundenbruchteilen und weitgehend unbewusst ein Urteil über ein Gesicht zu bilden, hat sich als so nützlich für uns erwiesen, dass die Evolution es in unsere Gene geschrieben hat. Es ist unsere wichtigste Strategie, um zwischen Freund und Feind zu unterscheiden. Zwar ist die intuitive Gesichteranalyse, wie die meisten unserer eingebauten Abwehrmechanismen, ziemlich grob, aber sie funktioniert.

Treffen wir auf ein unbekanntes Gesicht, fällen wir in einer Zehntelsekunde ein recht komplexes Urteil über seinen Besitzer. Unser Gehirn schätzt ein, ob die Person vertrauenswürdig, attraktiv, sympathisch, kompetent, aggressiv oder friedlich ist, bevor wir die Person überhaupt bewusst wahrnehmen! Bleibt das Gesicht lange genug im Blickfeld, um eine bewusste Einschätzung vorzunehmen (zwischen 0,5 und 10 Sekunden), ändert sich das anfängliche Urteil meist nicht wesentlich, es erscheint lediglich überzeugender. Der erste Eindruck ist nicht nur schnell, er bleibt auch bestehen. Unser Verdauungstrakt ist mit reichlich Nervengewebe ausgestattet, das intensiv auf emotionale Ereignisse reagiert. Im Grunde machen sich Gefühle aber im ganzen Körper bemerkbar, etwa in Form von „Schamesröte" oder „weichen Knien". Angst spürt man eher im Unterbauch, während das Gefühl von Ärger weiter oben sitzt, im Magen oder darüber.

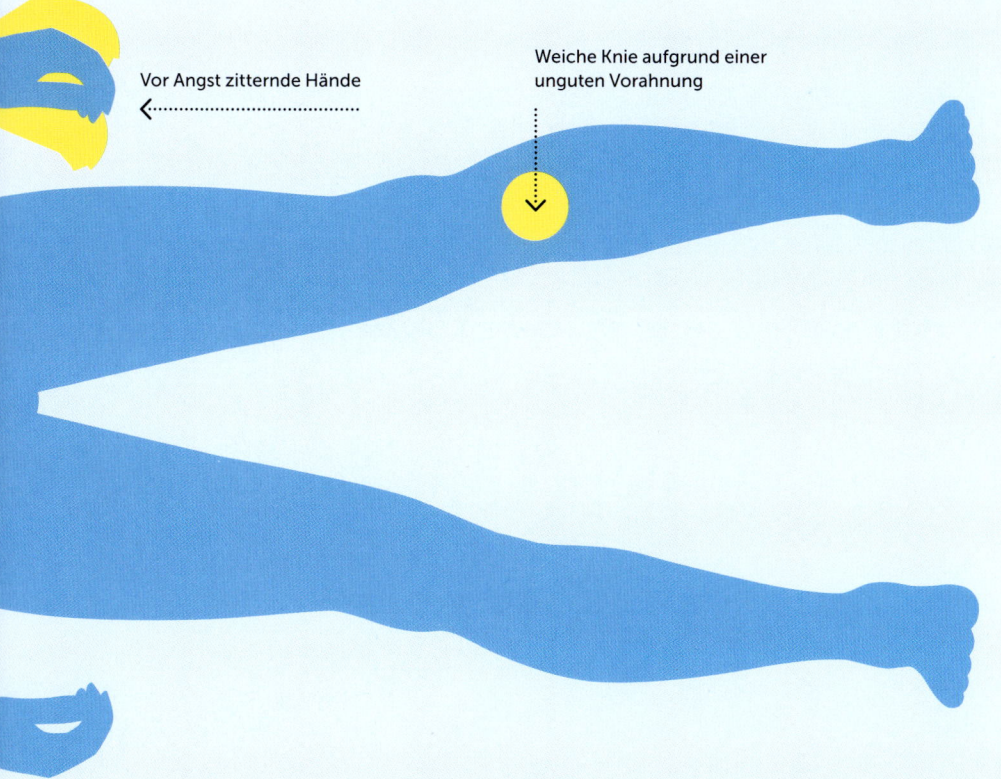

Vor Angst zitternde Hände

Weiche Knie aufgrund einer unguten Vorahnung

01 BECOME

Reaktion → Gefühl erkennen

VORSCHNELLE URTEILE

Für viele von uns fühlen sich vorschnell gefällte Urteile falsch an. Die erste Einschätzung einer Person erscheint flüchtig und wird leicht von der Informationsflut überschwemmt, die sich einstellt, sobald wir mit ihr interagieren. Vielleicht bemerken wir das zarte Flattern der Angst oder Anziehung nicht oder tun es als bedeutungslos ab – ein Fehler, den viele von uns häufig begehen.

Tatsächlich entspricht das Urteil, das wir uns unmittelbar über eine Person bilden, in den meisten Fällen der Einschätzung von Leuten, die diese Person gut kennen.

Damit das funktioniert, müssen Sie die Prozesse, die in Ihrem Gehirn ablaufen, gar nicht kennen: Sobald Sie jemand Neuen kennenlernen, können Sie Ihre naturgegebene Fähigkeit des Gesichterlesens verbessern, indem Sie sowohl Ihre Gefühlsregungen und Verhaltensweisen als auch die der anderen Person aufmerksam betrachten.

Zunächst lernen Sie Ihre Gefühle kennen! Stellen Sie fest, wann eine Emotion bei Ihnen eine körperliche Reaktion (Schmetterlinge) oder ein spontanes Stirnrunzeln hervorruft. Emotionale Gedanken sind nur Auswüchse des eigentlichen Gefühls, das sich in einer Veränderung des Körperzustands zeigt.

Dann identifizieren Sie die Emotion und benennen sie. Beschränken Sie sich nicht auf Offensichtliches wie Freude, Ärger oder Angst, beachten Sie auch Mischformen wie den Mix aus Furcht und Euphorie vor der Achterbahnfahrt oder die schmerzlich-schöne Wehmut. Sobald Sie die Emotion ermittelt haben, beobachten Sie in aller Ruhe, wie sie sich physisch auf Sie auswirkt.

Zwar rufen Emotionen typische Körperreaktionen hervor, aber bei jedem gibt es individuelle Unterschiede. Wenn ich Angst habe, spüre ich zum Beispiel zwei kleine kalte Stellen unter den Wangenknochen.

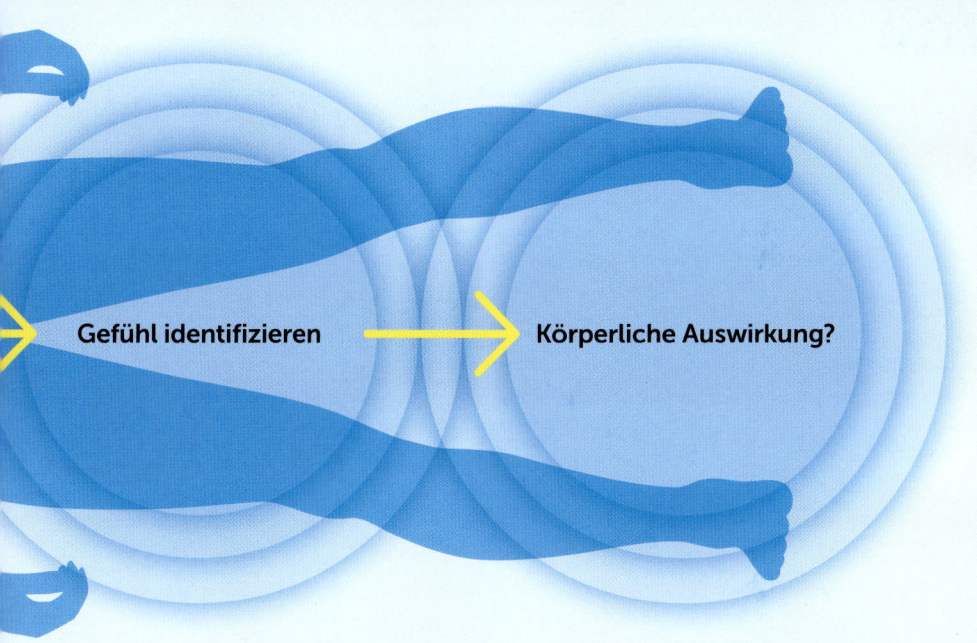

Gefühl identifizieren → **Körperliche Auswirkung?**

Jetzt prüfen Sie Ihr vorgefasstes Urteil. Manche Menschen reagieren empfindlich auf Bedrohung, andere sind extrem vertrauensvoll. Persönliche Erlebnisse – beispielsweise Übergriffigkeiten einer Person mit einem bestimmten Gesichtstyp – können Ihre Reaktion auf ein solches Gesicht, auch unbewusst, verändern. Auch diese Vorurteile sollten Sie mit einberechnen: Wenn Sie wissen, dass Sie beim Anblick eines Fremden Angst empfinden, versuchen Sie, sich über Ihre Intuition ein bisschen hinwegzusetzen.

In einer wissenschaftlichen Studie sahen die Freiwilligen einen Zwei-Sekunden-Clip über einen Vortrag und sollten dann die Kompetenz der vortragenden Personen einschätzen. Ihre Blitzurteile stimmten mehr oder weniger mit den Einschätzungen von Studierenden überein, die bei diesen Dozenten ein Semester lang im Kurs saßen. Dieselbe Gruppe hat gezeigt, dass sich die Führungsqualitäten von Firmenchefs erstaunlich genau durch einen Blick auf ihr Foto bestimmen lassen. Freiwilligen wurden Bilder der Chefs der oberen 25 und der unteren 25 Unternehmen der Fortune-1000-Rangliste vorgelegt. Sie sollten einschätzen, wie gut die einzelnen Personen darin waren, ihre Firma zu leiten.

Das Ergebnis der Studie zeigte, dass die Beurteilung des Führungspotenzials der Bosse durch die Studierenden zu den jeweiligen Firmengewinnen passte. Die Schnellurteile waren sogar zutreffender als die Einschätzungen von Managern, die für diese Chefs arbeiteten.

WAS PROPORTIONEN VERRATEN

Das Gesicht eines Menschen lässt Rückschlüsse auf seine Persönlichkeit zu, auch dann, wenn es keinen bestimmten Ausdruck zeigt. Um Dominanz, Gewissenhaftigkeit, Umgänglichkeit, Intelligenz und sogar Delinquenz zu erkennen, genügt ein Porträtfoto – die Trefferquote ist jedenfalls höher als bei zufälligen Zuordnungen. Das Lesen von Gesichtern läuft zum Teil unbewusst ab. Jüngste Forschungen haben einige der physischen Zeichen aufgedeckt, die unser Gehirn verarbeitet – kleinste Unterschiede in Struktur, Form und Proportion der Kopf- und Gesichtsmerkmale.

Der Gedanke, dass sich der Charakter einer Person in ihrem Gesicht widerspiegelt, ist nicht neu. Schon in der Antike hielten griechische Philosophen fest, was das Gesicht über den „Geist" seines Besitzers offenbare. „Dreistigkeit" zeige sich angeblich in „leuchtenden, weit geöffneten Augen mit schweren, blutunterlaufenen Lidern", und eine breite Nase deute auf Faulheit hin.

Es ist durch nichts belegt, dass Dreistigkeit mit blutunterlaufenen Lidern oder Faulheit mit einer breiten Nase zusammenhinge, aber in der langen, teils dubiosen Geschichte der Physiognomik waren Fakten und blanker Unsinn stets untrennbar miteinander verwoben.

In den letzten Jahren haben Wissenschaftler erneut untersucht, ob Charakter-

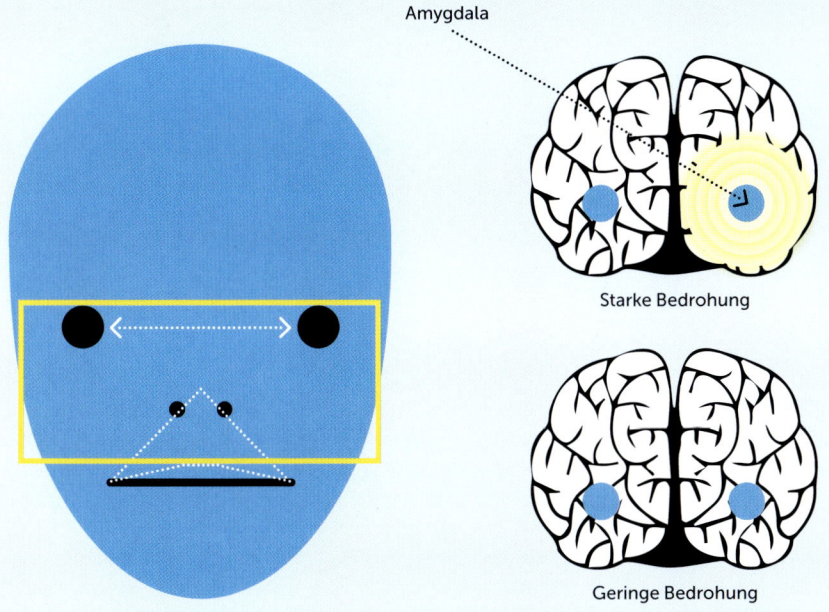

eigenschaften sich von Gesichtszügen ableiten lassen. Ein Zusammenhang erwies sich als belegt: Menschen mit ausgeprägten Wangenknochen und breitem Gesicht sind tendenziell dominanter, aggressiver und unehrlicher als Menschen mit einer eher länglichen, schmaleren Gesichtsform.

Das Breite-Länge-Verhältnis lässt sich leicht herausfinden: Man misst die Breite des Gesichts am höchsten Punkt der Augenlider, die Länge von dieser Linie bis zur Oberkante der Oberlippe. Ein hoher Wert ist alles über einem Verhältnis von 1:9. Sie müssen aber nicht das Metermaß herausholen, wenn Sie jemanden treffen – wir erkennen diese Proportion intuitiv.

Breite Gesichter kommen bei Männern häufiger vor als bei Frauen. Das liegt hauptsächlich am Testosteron, einem Hormon, das in der Regel bei Männern in höherer Konzentration vorhanden ist. Bereits vor der Geburt und bis ins Erwachsenenalter formt Testosteron Gehirn und Körper. Im Gehirn stimuliert es Teile der Amygdala – zuständig für die Entstehung von Emotionen – und bewirkt eine aggressive Reaktion auf Bedrohung. Es drosselt die Verbindungen der Amygdala zu den „denkenden" Gehirnarealen und führt dazu, dass jemand seine Neigungen, Triebe und Emotionen schlechter kontrollieren kann. Im Gesicht bewirkt es ausgeprägte Wangen- und Kieferknochen.

FÜHRUNGSSTARK ODER SKRUPELLOS?

Die Korrelation zwischen breitem Gesicht und bestimmten Verhaltenstypen wurde schon oft nachgewiesen. In einer Studie sollten sich Männer mit verschiedenen Gesichtsbreiten als Immobilienverkäufer ausgeben und ein Grundstück anbieten, das nicht bebaut werden durfte. Eine Gruppe von vorgeblichen Käufern wurde unterdessen instruiert, ausschließlich Bauerwartungsland zu erwerben. Dann wurde die Ehrlichkeit der Verkäufer daran gemessen, in welchem Ausmaß sie ihre Käufer täuschten. Diejenigen mit breiten Gesichtern wiesen eine signifikant erhöhte Wahrscheinlichkeit auf zu lügen, um einen Verkauf zu erzielen.

Andere Studien fanden ähnliche Belege für antisoziales Verhalten bei breitgesichtigen Männern, doch nicht nur Negatives: Sportler mit breiten Wangen foulten mehr als andere, erzielten aber auch mehr Tore.

Bei Frauen ist die Sache komplizierter. Zwar assoziiert man auch hier mit einem breiten Gesicht Führungsqualitäten, aber neueste Forschungen weisen darauf hin, dass man Frauen mit schmalem und herzförmigem Gesicht ebenfalls zutraut, andere zu führen. Die Wissenschaftler gründeten ihre Ergebnisse auf eine Reihe von Studien. Bei einer sollten die Teilnehmenden bestimmte wettbewerbsbezogene Aussagen – z. B. „Wenn du dich nicht an ihre Vorgaben hältst, bist du raus" oder „Er behandelt andere mit einem gewissen Respekt, ist aber meistens davon überzeugt, dass er recht hat" – Bildern von Frauen und Männern zuordnen, die digital bearbeitet worden waren, um Geschlechtsmerkmale zu betonen oder abzumildern. Über 50 % der Teilnehmenden verbanden Aussagen wie „Sie war in ihrem Umfeld gefürchtet" oder „Es gibt nur einen Boss, und das ist sie" sowohl mit einem sehr wenig maskulin als auch mit einem stark maskulin wirkenden Bild derselben Frau. Waren Männer abgebildet, wurde die Aussage „Mitarbeitende halten ihn für sehr ehrgeizig" von 64 % der Teilnehmenden stark maskulinen Typen zugeordnet und nur zu 33 % Typen, die wenig männlich wirkten. Die Aussage „Toleriert Leute nicht, die agieren, als seien sie klüger als er" wurde von 63 % mit stark maskulinem Aussehen und nur von 27 % mit geringer Maskulinität verknüpft.

Jochen Menges von der Universität Cambridge erklärt: „Unsere Studien stellen die Gendertheorie infrage, die besagt, Frauen mit femininen Gesichtszügen assoziiere man mit Fürsorglichkeit und sozialem Verhalten. Feminin aussehende Frauen haben bessere Chancen, als Führungspersönlichkeiten angesehen zu werden, als gedacht."

Es ist bewiesen, dass wir die von unseren festen Gesichtsstrukturen ausgesandten Signale überdecken können, indem wir den richtigen Gesichtsausdruck aufsetzen (s. Kapitel 2, Lektion 5). Entsprechend unsicher wäre eine Einschätzung allein basierend auf den Gesichtsmerkmalen. Die Wissenschaft der Physiognomie ist noch jung, die Forschung lückenhaft, die Ergebnisse komplex. Faktoren wie Bildung, Intelligenz und elterlicher Einfluss können die am Gesicht abzulesenden „natürlichen" Charakterzüge hinfällig machen. Wir sollten uns also hüten, vom Aussehen einer Person direkt auf ihren Charakter zu schließen!

Männer, deren Gesicht breiter als lang ist, sind tendenziell ehrgeizig und werden in Führungspositionen gewählt. Politiker mit breiten Gesichtern gewinnen öfter Wahlen als ihre schmalköpfigen Gegner, und Männer mit einem im Verhältnis zur Höhe sehr breiten Gesicht handeln meist bessere Deals aus und verdienen mehr Geld.

ZAHLLOSE
ZEIGEN: DER
BEVORZUGT
GESICHTSZÜG

STUDIEN
MENSCH
SYMMETRISCHE

SCHAU MIR IN DIE AUGEN

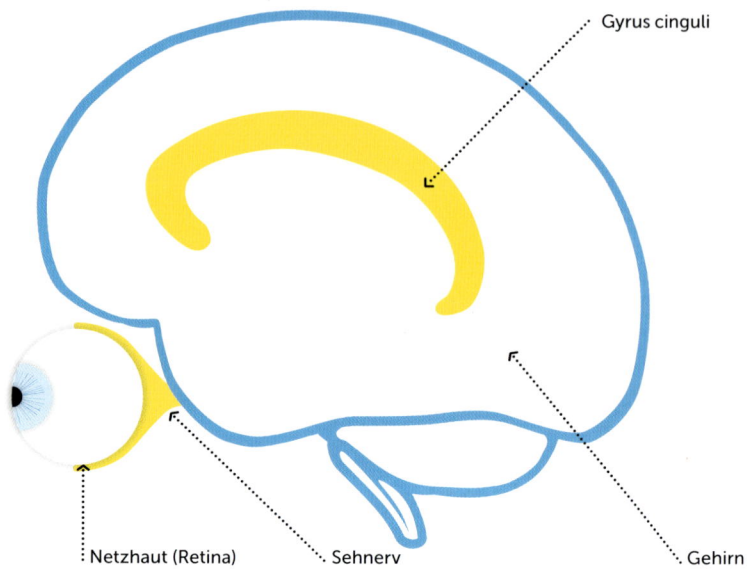

Netzhaut (Retina) · Sehnerv · Gyrus cinguli · Gehirn

Blickt man Menschen in die Augen, schaut man ihnen mehr oder weniger direkt ins Gehirn. Denn von den Augäpfeln führen zwei Nervenstränge zum hinteren Teil des Kopfes. Das klingt wenig romantisch, erklärt aber, warum wir uns von den Augen anderer Menschen so angezogen fühlen können und sich direkter Blickkontakt so überwältigend anfühlen kann. Eine Veränderung in den Augen einer Person ist daher ein sicheres Indiz dafür, dass sich auch in ihrem Gehirn etwas verändert hat.

Wenn wir jemandem in die Augen blicken, achten wir – meist unbewusst – permanent auf winzige Veränderungen, vor allem der Pupillengröße und Blickrichtung, und den Einfluss der Gesichtsmuskeln rund um die Augen. Diese Signale zählen zu den ausdrucksstärksten, die Menschen überhaupt aussenden – doch darüber mehr im nächsten Kapitel.

In dieser Lektion geht es um ein weniger bekanntes Phänomen: die Verbindung zwischen Verhalten und dauerhaften Eigenschaften des Auges wie Farbe und Struktur.

Aussehen und Gestalt der Augen werden teilweise durch Gene bestimmt, die auch die Anatomie anderer Gehirnregionen formen. Das Gen Pax6 beispielsweise sorgt unter anderem für die Ausbildung des Gewebes in der Iris und in einem Gehirnareal namens Gyrus cinguli. Dieser wichtige Teil unseres Gehirns fungiert als eine Art Puffer zwischen dem limbischen System – wo unsere Emotionen entstehen – und dem präfrontalen Cortex – wo wir diese Emotionen verarbeiten und eine rationale Reaktion ausarbeiten. Je nach Entwicklung des Gyrus cinguli bringt

FUCHS-Krypten

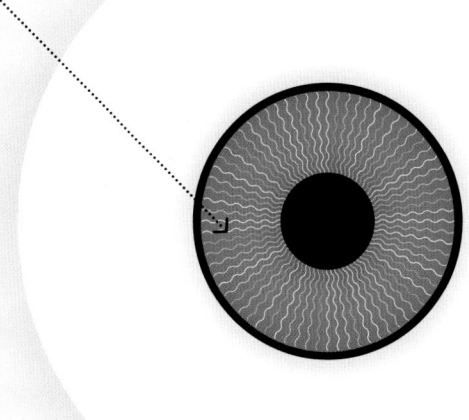

er uns entweder dazu, nach Dingen in unserer Umgebung zu greifen und sie weiterzuverfolgen (Annäherungsverhalten) oder uns zu verstecken beziehungsweise vor ihnen zu flüchten. Dichtes Gewebe im linken Teil des Gyrus cinguli fördert Annäherungsverhalten, das heißt die Person neigt dazu, sich anderen zuzuwenden, Mitgefühl zu haben, ihnen zu vertrauen und sie zu mögen. Dünnes Gewebe in diesem Bereich hemmt das Annäherungsverhalten und fördert eine impulsive Reaktion in Form von Kampf oder Flucht.

Die Auswirkungen von Pax6-Mutationen auf das Gewebe der Iris sind ähnlich. Eine niedrige Gewebedichte in der Iris zeigt sich durch kleine, geschlängelte Linien, die radiär von der Pupille ausgehen, die sogenannten FUCHS-Krypten. Ein Forscherteam unter der Leitung von Mats Larsson an der Örebro-Universität in Schweden untersuchte 428 Personen und fand heraus: Diejenigen mit einer hohen Anzahl an Krypten (und anderen Zeichen für schwaches Gewebe) waren weniger oft herzlich, kontaktfreudig und vertrauensvoll, dafür aber häufiger neurotisch. Die Forscher zählten die Krypten ihrer Freiwilligen mithilfe teurer Laborinstrumente, aber für eine grobe Analyse genügt ein Blick in die Augen: Eine Iris mit hoher Gewebedichte wirkt glatt und homogen, Krypten zeigen sich in zahlreichen Farbabstufungen und Mustern.

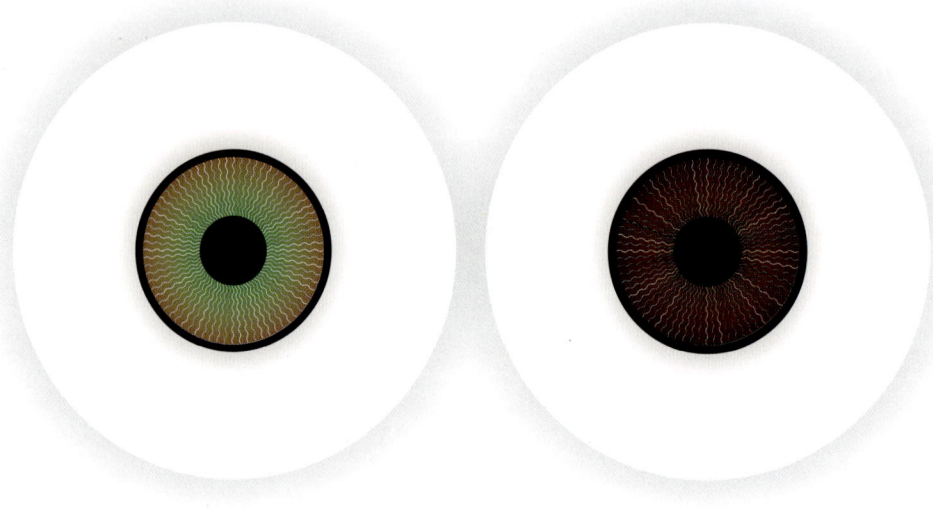

AUGENFARBE

Ähnliche Verbindungen zwischen Augen, Genen und Gehirn sollen für diverse Zusammenhänge zwischen Augenfarbe und Verhalten verantwortlich sein. Melanin färbt Augen dunkel, und die Gene, die dafür sorgen, wirken auch auf das Gehirn: Sie helfen bei der Ausbildung der isolierenden Ummantelung der Neuronen, die eine Übermittlung der elektrischen Botschaften von einem Neuron zum nächsten erst ermöglichen. Eine gute Isolierung bedeutet schnelle und präzise Informationsverarbeitung mit minimalem Signalverlust. Korrelationen zwischen dunklen Augen und Verhalten sind also denkbar.

Forscher der US-amerikanischen Universität Pittsburgh fanden heraus, dass Frauen mit dunkel- oder haselnussbraunen Augen bei der Geburt stärkere Schmerzen empfanden, aber seltener an Wochenbettdepressionen litten als blauäugige Frauen.

Andere Studien ergaben, dass dunkeläugige Menschen empfindlicher auf Alkohol reagieren und dadurch – weil sie nicht viel trinken müssen, um die berauschende Wirkung zu spüren – ein geringeres Risiko haben, Alkoholiker zu werden.

Dunkeläugige reagieren schneller und möglicherweise denken sie auch etwas schneller als Leute mit heller Augenfarbe.

Teilnehmende einer Studie über die Wahrnehmung von Augenfarbe und Verhalten schätzten Personen mit dunklen Augen als dominanter ein als jene mit hellen Augen.

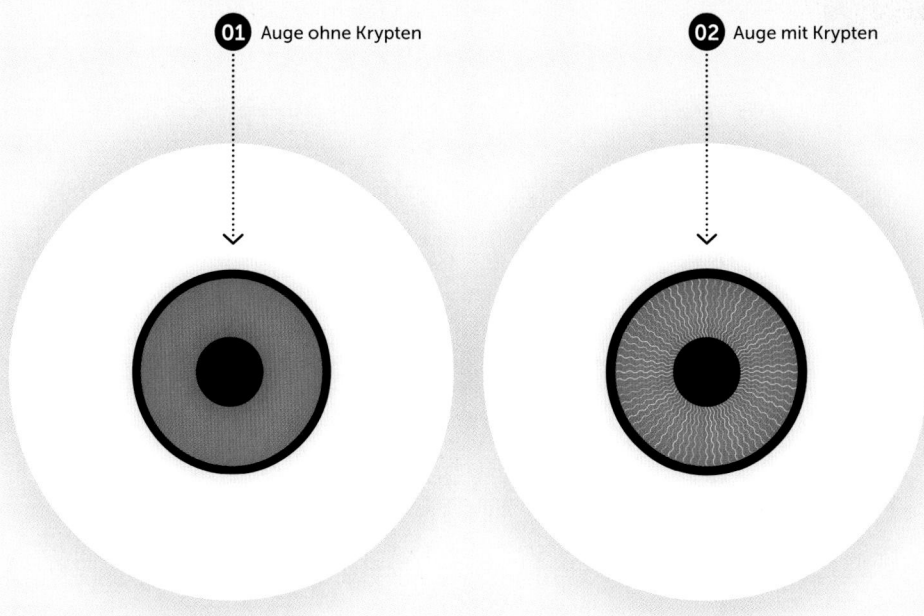

Allerdings sollte man solche Erkenntnisse über den Zusammenhang zwischen Augen und Verhalten mit Vorsicht behandeln! Der Charakter eines Menschen wird von einer riesigen Zahl an Faktoren bestimmt, von denen wir die meisten noch gar nicht kennen.

Das genetische Erbe ist zweifellos einer dieser Faktoren, aber das Umfeld kann die „naturgegebene" Persönlichkeit eines Individuums stark verändern oder sogar vollkommen ins Gegenteil verkehren. Bereits vor unserer Geburt wurde unsere Entwicklung durch unsere Umgebung beeinflusst – dass eineiige Zwilling schon bei der Geburt leichte Unterschiede aufweisen, liegt auch daran, dass sie in verschiedenen Teilen des mütterlichen Uterus herangewachsen sind.

01. **Ein Auge ohne Krypten.** Eine so glatte, homogene Iris wird mit Menschen in Verbindung gebracht, die sich eher zu anderen hingezogen fühlen.

02. Hier treten die Krypten in Form von geschlängelten Linien und dunklen Flecken in Erscheinung, die strahlenförmig von der Pupille ausgehen. Eine Iris mit einer so hohen Kryptendichte assoziiert man mit weniger vertrauenswürdigen und impulsiveren Menschen.

04
BUILD +
BECOME

SIGNALE

Neben bestimmten Charakterzügen verrät das Gesicht eines Menschen auch vieles über Lebenswandel, Gesundheit und Verhaltensweisen. Die Signale sind subtil, und um sie lesen zu können, muss man hinter die bewussten Botschaften, die durch den Gesichtsausdruck übermittelt werden, blicken und für einen Moment Dinge wie Schminke, Frisur, Brille und andere „Zusätze" ignorieren. Stattdessen sollten Sie auf die Spuren achten, die das Leben im Gesicht dieser Person hinterlassen hat.

Zahllose Studien zeigen, dass Menschen symmetrische Gesichter bevorzugen, vor allem, wenn es um die Auswahl des Sexualpartners geht. Die häufigste Erklärung hierfür lautet, symmetrische Gesichtszüge seien ein Indiz für „gute Gene" – eine Person mit diesen Merkmalen kommt als Partner infrage.

Außerdem kann ein asymmetrisches Gesicht durch Krankheit oder eine Verletzung als Fötus oder Kind bedingt sein. Forscher der Universität von Edinburgh untersuchten die Gesichtsmerkmale von 292 Personen im Alter von 83 Jahren und glichen die Symmetrie ihres Gesichts mit detaillierten Informationen über ihren sozialen Status in der Kindheit ab, einschließlich der Berufe, denen die Eltern nachgingen, und wie viele Personen der Haushalt zählte.

Die Wissenschaftler analysierten 15 verschiedene Merkmale, darunter die Position von Augen, Nase, Mund und Ohren, und entdeckten einen deutlichen Zusammenhang zwischen Elternhaus und Gesichtssymmetrie. Menschen mit harmonischerem Aussehen hatten wahrscheinlich eine privilegiertere, sorglosere Kindheit als jene mit asymmetrischen Zügen. Der Effekt zeigte sich bei Männern stärker als bei Frauen, und Ereignisse des späteren Lebens wirkten sich interessanterweise nicht auf die Gesichtssymmetrie aus. Die Spuren einer harten Kindheit konnten auch durch späteren Wohlstand nicht ausgelöscht werden.

Menschen mit einem eher symmetrischen Gesicht hatten wahrscheinlich eine privilegiertere, sorglosere Kindheit als jene mit asymmetrischen Zügen.

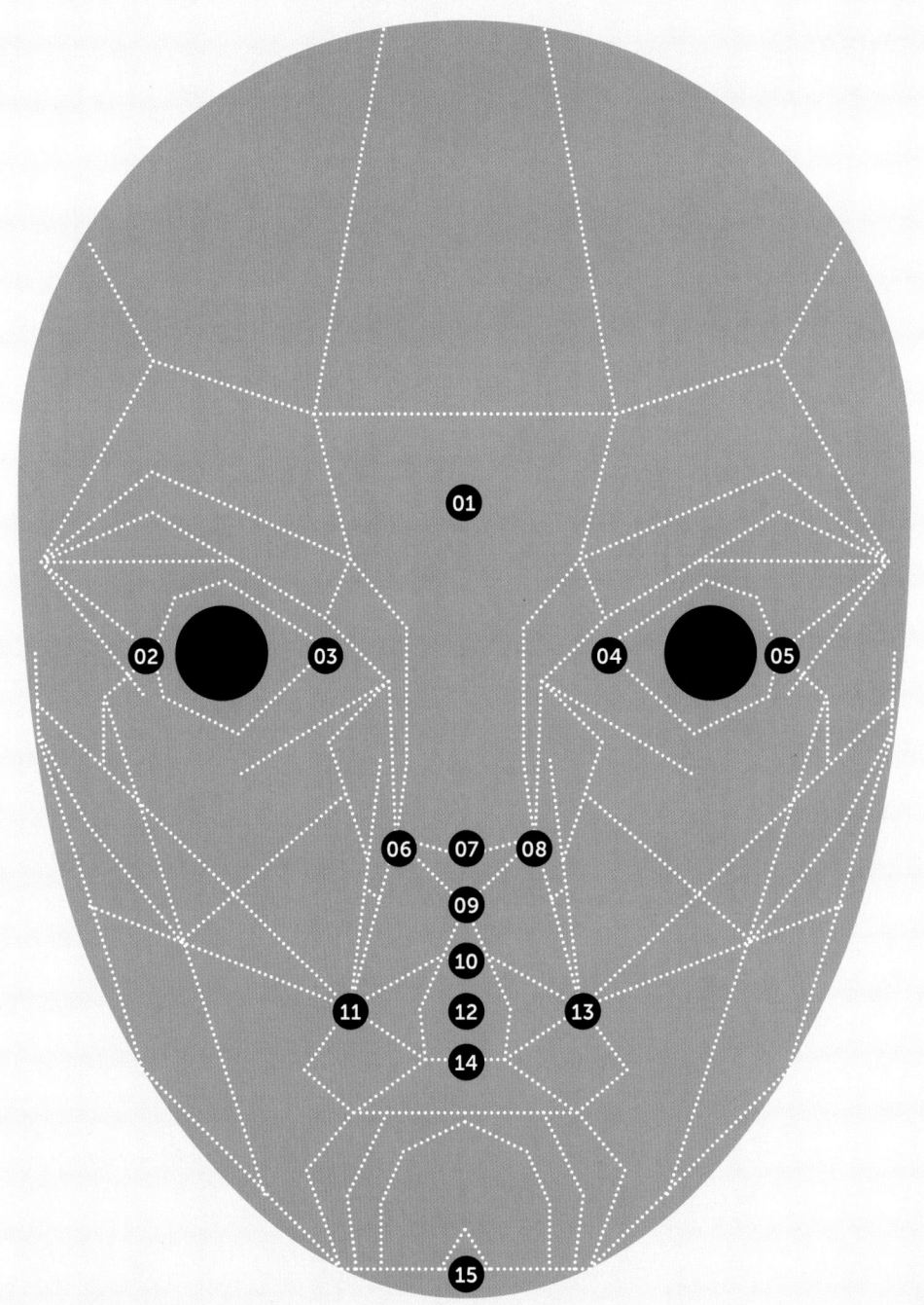

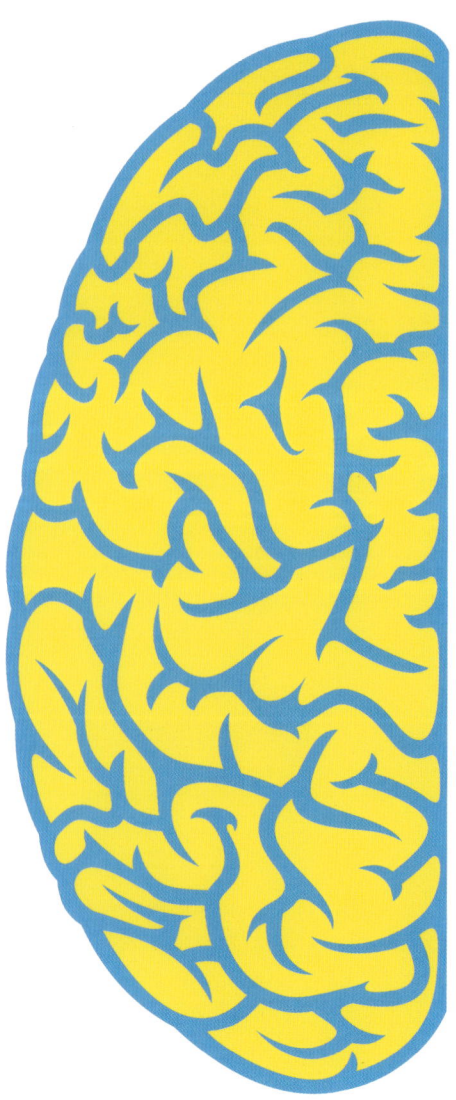

SICHTBARE ZEICHEN

Jede Gehirnhälfte kontrolliert die Bewegungen der gegenüberliegenden Körperseite, d. h. die Muskeln rund um den linken Mundwinkel werden von der rechten Hemisphäre kontrolliert und umgekehrt. Die Hirnhälften bringen unterschiedliche Verhaltensweisen hervor. Bei den meisten Menschen sind diese Unterschiede sehr gering, weil die Gehirnhemisphären so eng zusammenarbeiten, dass die Botschaften, die sie an den Körper senden, als Einheit aufgefasst werden.

Ängstliches, zurückweichendes Verhalten entsteht in der rechten Hemisphäre, entschlossenes Handeln kommt aus der linken. Diese Charakterzüge zeigen sich im Gesicht durch verschiedene Muskelbewegungen.

01. Sozialverhalten: Ein „soziales" Lächeln wäre etwa ein wenig stärker auf der rechten Seite verortet.

02. Innerer Konflikt: Menschen, die sich innerlich zerrissen fühlen, zeigen oft größere Unterschiede zwischen rechter und linker Seite. Jemand, dessen Verhalten von Natur aus eher von der rechten Hemisphäre geprägt ist, der aber dauernd den Extrovertierten spielen muss, hat wahrscheinlich ein schieferes Lächeln als jemand, der leidenschaftlich gerne aus sich herausgeht. Im Laufe der Zeit hinterlässt diese Diskrepanz aufgrund der ungleichmäßigen Aktivierung der Gesichtsmuskeln sichtbare Spuren. Mit zunehmendem Alter treten diese Asymmetrien immer deutlicher zutage. Menschen mit symmetrischen Gesichtern scheinen aufgeschlossener und umgänglicher zu sein, während Personen mit asymmetrischen Zügen offenbar zu Neurosen neigen.

03. Alter: Das Alter steht den Menschen ins Gesicht geschrieben, aber die Art und Weise, *wie* ein Gesicht altert, sagt ebenso viel wie die unvermeidlichen Falten aus. 2015 schufen Forscher der Chinesischen Akademie der Wissenschaften per Computergrafik 3D-Modelle von über 300 Gesichtern von Leuten im Alter zwischen 17 und 77. Anhand dieser Modelle suchten sie nach Korrelationen zwischen spezifischen Gesichtsmerkmalen und dem Alter. Sie fanden z. B. heraus, dass ältere Menschen tendenziell breitere Nasen und schräger stehende Augen haben. Bei manchen wirkte das Gesicht „jung" für ihr Alter, und griff man zwei beliebige Personen aus einer biologischen Altersgruppe heraus, betrug der „optische" Altersunterschied im Durchschnitt sechs Jahre.

Das optische Alter des Gesichts korrespondiert stärker mit objektiven Gesundheitsmarkern wie Cholesterinwerten als mit dem biologischen Alter – unser Lebensstil lässt sich tatsächlich am Gesicht ablesen.

Um kleine Asymmetrien im Gesicht aufzuspüren, nehmen Sie ein frontales Porträtfoto, halbieren es mithilfe eines Zeichenprogramms der Länge nach, spiegeln jeweils beide Hälften und setzen dann Original plus Spiegelbild zu einem Bild zusammen – nun haben Sie zwei vollkommen symmetrische Gesichter.

TOOLKIT

01

Wir bewerten eine Person auf Grundlage ihres Gesichts, bevor wir sie bewusst gesehen haben! Diese unbewusste Einschätzung ruft ein „Bauchgefühl" hervor, das häufig zutrifft. Sie können dieses wertvolle Signal verfeinern, indem Sie auf Ihre eigenen Gefühle achten, wenn Sie jemanden zum ersten Mal treffen.

02

Der Knochenbau offenbart die Wirkung von Sexualhormonen im Wachstum. Breite Wangenknochen und ein breiter Unterkiefer assoziiert man mit stereotypisch männlichen Eigenschaften wie Dominanz und Durchsetzungsvermögen.

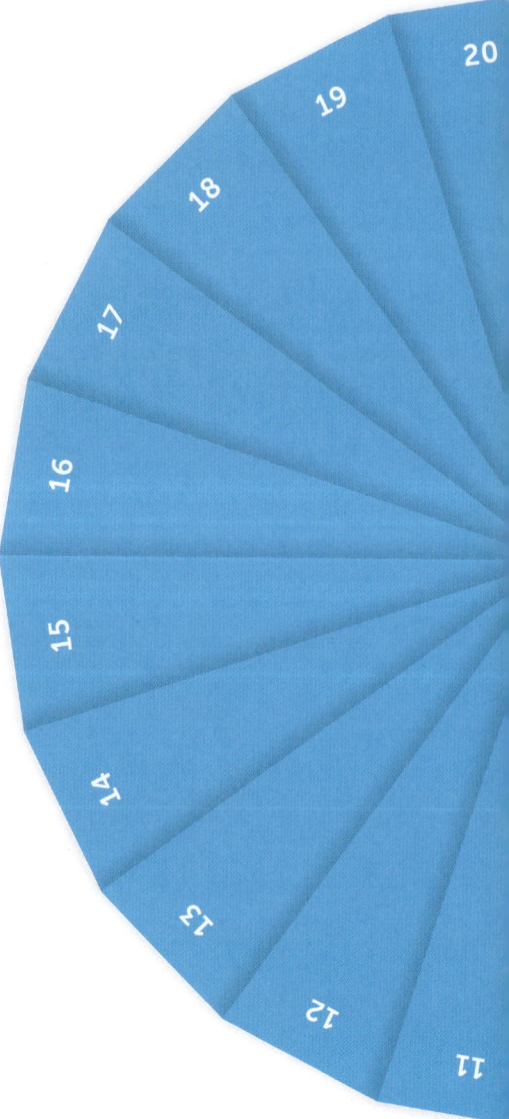

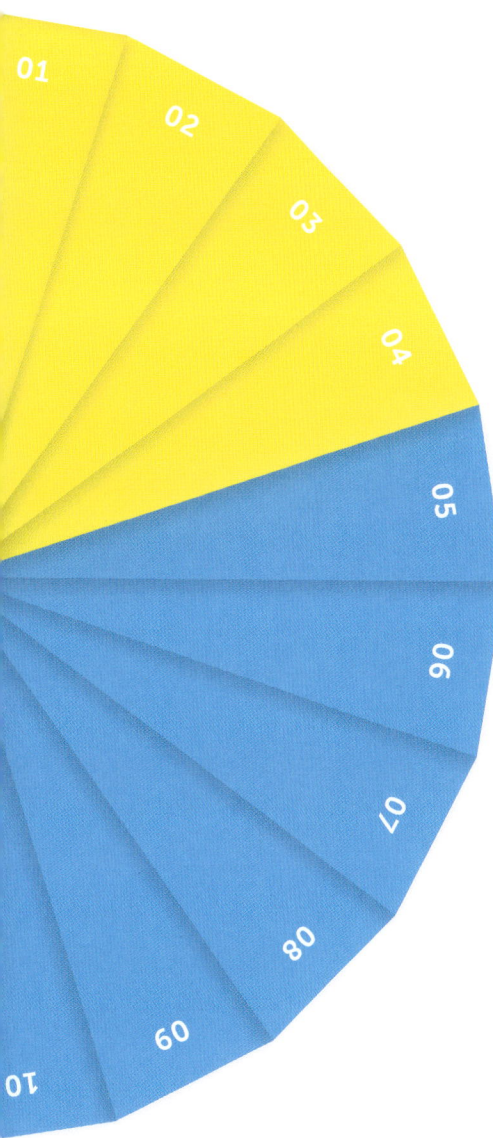

03

Augen sind eine Erweiterung des Gehirns und der deutlichste Indikator, was in jemandes Kopf vor sich geht. Gefühlsveränderungen bewirken Änderungen der Pupillengröße, während Farbe und Struktur der Iris möglicherweise Rückschlüsse auf bestimmte Persönlichkeitsmerkmale zulassen.

04

Gesichtssymmetrie gibt Hinweise auf die Vorgeschichte und den Charakter einer Person. Ungleichmäßige Merkmale deuten auf eine unterprivilegierte Kindheit und einen möglichen psychologischen Konflikt hin. Diese Gesichtsmerkmale sind zwar wissenschaftlich bestätigt, sollten aber mit Vorsicht behandelt werden, da sie leicht von Umfeldfaktoren überschrieben werden können.

BUILD + BECOME

ZUR VERTIEFUNG

LESEN

Face Value.
The Irresistible Influence of First Impressions
Alexander Todorov
(Princeton University Press, 2017)

Gesichter. Das Geheimnis unserer Identität
Brian Bates und John Cleese
(vgs, 2001)

First Impressions.
What You Don't Know About How Others See You
Ann Demarais und Valerie White
(Bantam Books, 2005)

About Faces.
Physiognomy in Nineteenth-Century Britian
Sharrona Pearl
(Harvard University Press, 2010)

ANSCHAUEN

Gesichter. Das Geheimnis unserer Identität
Vierteilige BBC-Miniserie auf 2 DVDs

The Hidden Power of Smiling
Ron Gutman
TED-Talk

BESUCHEN

National Portrait Gallery
St Martin's Place, London, WC2H 0HE

EMOTIONEN UND IHR AUSDRUCK

LEKTIONEN

05 MAKROEXPRESSIONEN
Ein Gesichtsausdruck kann täuschen.

06 VERRÄTERISCHE MIKROEXPRESSIONEN
Was steckt hinter dem Lächeln?

07 KÖRPERSPRACHE
Wie Gefühle sich auf den ganzen Körper auswirken.

08 KLEIDER MACHEN LEUTE
Botschaften zur Schau tragen.

Bewusst gesetzte Signale können auch täuschen – eine Person hat oft gute Gründe, irreführende Informationen über sich zu lancieren.

Menschliche Kommunikation verläuft in zwei Richtungen: Sie wollen die Signale der anderen entschlüsseln, um zu wissen, was Sie von den anderen zu erwarten haben, und die anderen müssen Ihnen ihre Eigenschaften, Intentionen, ihre Stimmung und Persönlichkeit signalisieren.

Ein Großteil dieser Signale ist wohlüberlegt. Offensichtliche visuelle Botschaften wie breites Lächeln, Stirnrunzeln, ausladende Gesten und Garderobe sollen den Betrachtern Informationen übermitteln. Die Signale können aufrichtig gemeint sein, das heißt, die Botschaft, die sie übermitteln, ist echt:

Jemand lächelt, weil er sich freut, Sie zu sehen, und die elegante Kleidung deutet auf eine sorgfältige, aufmerksame Person hin. Aber bewusst gesetzte Signale können auch täuschen – eine Person hat oft gute Gründe, irreführende Informationen über sich zu lancieren.

In diesem Kapitel untersuchen wir die visuellen Signale, die verraten, was andere mögen, fühlen und wie sie zu uns stehen, und wir zeigen den Unterschied zwischen bewusst ausgesandten Signalen und den unbewussten „Tells", die man nicht vortäuschen kann.

MAKROEXPRESSIONEN

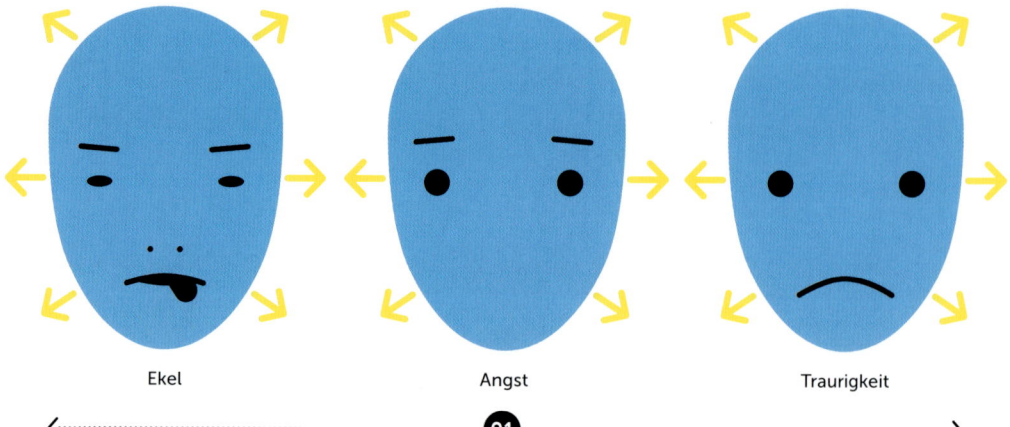

Ekel — Angst — Traurigkeit

01

Charles Darwins Vermutung, dass Gesichtsausdrücke angeboren und daher bei allen Menschen ähnlich sind, wurde seither von Hunderten wissenschaftlichen Studien gestützt. Die kulturell bedingten Unterschiede im Mienenspiel – z. B. in Bezug darauf, was als höflich gilt – sind gering. Mimik ist für uns so natürlich wie für einen Hund das Schwanzwedeln.

Es gibt sechs universelle Gesichtsausdrücke, die in jeder menschlichen Kultur und Gesellschaft das Gleiche bedeuten, nämlich die sichtbaren Bewegungen der Gesichtsoberfläche bei den Emotionen Angst, Freude, Ekel, Ärger, Traurigkeit und Überraschung.

Diese Ausdrücke sind bei jedem gleich (oder sehr ähnlich), weil sie Teil der Emotion selbst sind. Wer seine Mimik nicht bewusst unterdrückt, rümpft automatisch die Nase, wenn er in einen Hundehaufen tritt, oder hebt die Augenbrauen und öffnet den Mund, wenn er überrascht ist.

Um zu verstehen, warum Mimik universell ist, hilft es, sich klarzumachen, dass Emotionen im Grunde keine Gefühle sind, sondern körperliche Veränderungen, die sich entwickelt haben, um uns zu helfen, zu überleben und uns von allem fernzuhalten, was uns schaden könnten.

01. Ekel, Angst und Traurigkeit treiben uns weg von den Dingen, die sie auslösen.

02. Freude und Ärger lenken uns hin zu den Dingen, die sie auslösen.

03. Überraschung ist ein kurzes Erstarren, ein Stillhalten, bis wir mehr Informationen haben.

Nimmt das Gehirn z. B. eine Bedrohung war, etwa ein Rascheln im Gebüsch, steigen Blutdruck und Herzfrequenz an, die periphere Durchblutung wird gedrosselt und bestimmte Bewegungsmuskeln werden angespannt.

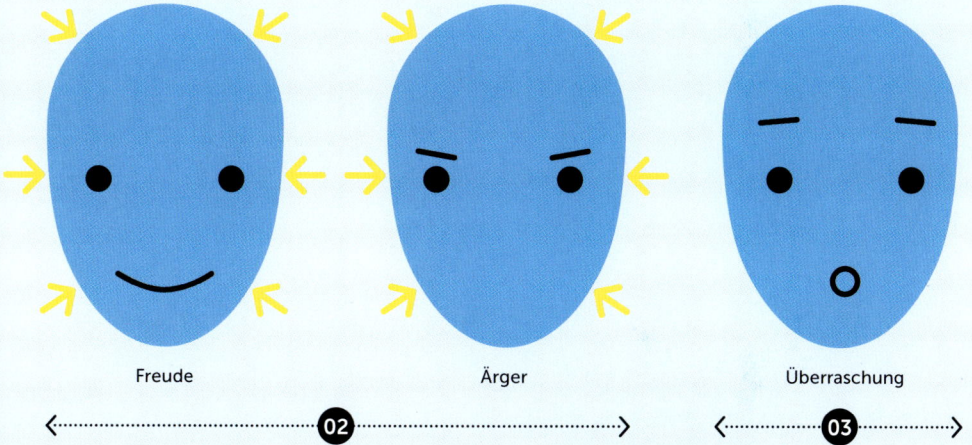

Freude · 02 · Ärger · Überraschung · 03

Diese Veränderungen versetzen den Körper in Kampf- oder Fluchtbereitschaft. Sie schließen die Kernemotion Angst ein, aber nicht das nachfolgende Gefühl.

Es fällt leichter, diese Vorgänge zu verstehen, wenn man sich die Gesichtsausdrücke nicht als „Zeichen", sondern als körperliche Adaptationen vorstellt. Wenn wir beim Ausdruck von Ekel den Mund zukneifen und durch Naserümpfen die Nasenöffnungen verengen, trägt das dazu bei, schädliche Stoffe nicht in den Körper zu lassen. Durch das Augenbrauenheben und Mundöffnen bei Überraschung können wir mehr sensorische Informationen aufnehmen – wir reißen die Augen auf, und über den Mund nehmen wir Geschmacks- und Geruchsmoleküle auf.

Die Annahme, der Gesichtsausdruck folge auf das „Gefühl", ist falsch: Mimik ist eine der körperlichen Veränderungen, welche die Emotion beinhaltet, und steht daher am Anfang der emotionalen Reaktion.

Die Reaktion beginnt, bevor wir den Stimulus überhaupt registrieren. Wenn wir einem lächelnden Gesicht begegnen, setzen wir ebenfalls ein Lächeln auf – noch bevor wir das Gesicht, in dem das Lächeln steht, bewusst angesehen haben.

Ein Gefühl von Angst kommt nur auf, wenn die tief sitzenden, unbewussten Gehirnregionen, die Emotionen hervorrufen, ausreichend starke Signale an die Großhirnrinde, wo unser Bewusstsein sitzt, schicken. Wenn dies geschieht, „fühlt" die Person in der Regel ihre Angst. Bei manchen geschieht das leicht, bei anderen muss der Stimulus sehr stark sein, um den Cortex zu aktivieren. Nervöse, vorsichtige Leute zählen eher zur ersten Kategorie, während Risikosportler und Kriegserfahrene tendenziell der zweiten zuzurechnen sind.

FALSCHE SIGNALE

Makroexpressionen sind bewusst steuerbare Gesichtsausdrücke und können unterdrückt oder vorgetäuscht werden. Die verschiedenen Ausdrücke unterscheiden zu können und zu erkennen, wann eine Mimik „echt" ist oder den wahren Gefühlen der Person widerspricht, ist eine nützliche Fertigkeit.

Sobald wir eine Emotion „fühlen", wird sie von unserem Bewusstsein angepasst, entweder verstärkt („Aaah, ein Tiger! Ich werde sterben!") oder gedämpft („Keine Sorge, das ist nur der Wind"). Bestimmte Anteile der Emotion, z. B. der Herzschlag, lassen sich nur schwer bewusst lenken, aber Gesichtsmuskeln kann man leicht kontrollieren. Unser Gehirn registriert unseren Gesichtsausdruck und reagiert, als wäre er echt. So können wir uns selbst und andere täuschen.

Überzeugende Täuschungsmanöver sind jedoch schwierig, weil an den meisten Gesichtsausdrücken Muskeln beteiligt sind, die nicht bewusst kontrollierbar sind. Schauspieler überwinden dieses Problem, indem sie versuchen, die grundlegende Emotion tatsächlich hervorzubringen, statt nur ihre äußeren Anzeichen nachzuahmen.

Nehmen wir z. B. das Lächeln. Es wird hervorgerufen durch die Kontraktion der Muskeln, die die Lippen nach hinten und oben ziehen. Ein spontanes Lächeln erzeugt außerdem Kontraktionen der kleinen Muskeln rund um die Augen. Die Wangenmuskeln kann man leicht bewusst anspannen, aber die Augenmuskeln sind schwerer zu manipulieren – ca. 30 % der Menschen können sie nicht willentlich steuern. Ein „soziales" oder „falsches" Lächeln erkennt man daher oft daran, in welchem Maß die Augenmuskeln beteiligt sind.

Die kleinen Muskeln um die Augen werden normalerweise nur kontrahiert, wenn eine Person tatsächlich Freude oder Zuneigung empfindet. Man erkennt dies daran, dass die Augen schmäler und länger werden und sich unter ihnen ein kleiner Wulst bildet.

Makroexpressionen sind nicht nur der Ausdruck von Emotionen, sondern können emotionale Reaktionen verstärken oder sogar hervorrufen. In einem Experiment bat man die Teilnehmenden, einen Bleistift in den Mund zu nehmen und damit zu schreiben. Die einen hielten den Stift waagerecht zwischen den Zähnen, wodurch sie gezwungen waren zu lächeln, die anderen hielten ihn so zwischen den Lippen, dass sie automatisch die Stirn runzelten.

Die Freiwilligen dachten, es ginge darum, Menschen mit Behinderungen zu helfen, aber in Wirklichkeit wollte man herausfinden, ob der erzwungene Gesichtsausdruck ihren emotionalen Zustand beeinflusste. Als man ihnen dann lustige Bilder vorlegte und sie fragte, wie gut sie ihnen gefielen, fand die Gruppe, die zum Lächeln gezwungen worden war, die Bilder deutlich witziger.

VERRÄTERISCHE MIKROEXPRESSIONEN

Neben den gut sichtbaren Makroexpressionen produzieren Menschen kleinste, sehr kurze Veränderungen des Gesichtsausdrucks, die sie kaum steuern können und von denen sie wahrscheinlich gar nichts wissen. Solche Mikroexpressionen und subtilen Expressionen treten auf, wenn jemand versucht, seine wahren Gefühle oder Gedanken zu verbergen. Das Gefühl zeigt sich vielleicht für einen Sekundenbruchteil im Zucken eines Nasenflügels oder einem ganz leichten Verziehen der Augenbraue. Diese flüchtigen Fingerzeige übersieht man leicht, aber wenn Sie wissen, worauf Sie achten müssen, können Sie lernen, sie zu erkennen und zu entschlüsseln.

Wenn eine Person eine Emotion erlebt und keinen Grund hat, sie zu verbergen, ist diese für etwa 0,5–4 Sekunden auf ihrem Gesicht zu sehen. Mikroexpressionen sind geisterhafte Schatten dieser Makroexpressionen. Sie blitzen maximal für eine halbe Sekunde im Gesicht auf und sind manchmal so schnell wieder verschwunden, dass sie mit bloßem Auge nicht zu erfassen sind. Subtile Expressionen, d. h. leichte, kaum wahrnehmbare Veränderungen der Gesichtsmuskeln, können länger anhalten, sind aber sehr schwach und dadurch leicht zu übersehen.

1966 untersuchten die Psychologen Ernest Haggard und Kenneth Isaacs bei ihren Patienten, ob sie während der Therapiestunden nonverbale Hinweise auf ihren Gefühlszustand gaben. Sie filmten die Sitzungen und sahen sie sich danach in Zeitlupe an. Sie fanden heraus, dass es vor allem dann zu Mikroexpressionen kam, wenn die Patienten versuchten, ihre Gefühle zu unterdrücken (Repression) oder bewusst vor dem Therapeuten zu verbergen (Suppression).

Es wurde weiter geforscht: In einer bekannten Versuchsreihe filmte der Psychologe John Gottman Ehepaare, während sie über ihre Beziehung sprachen. Dann analysierte er auf jedem Einzelbild ihre Mimik und achtete auf schwächste Expressionen. Anhand dieser fast nicht wahrnehmbaren Signale konnte Gottman mit 90-prozentiger Genauigkeit voraussagen, welche Paare sich wann scheiden lassen würden.

Etwa zur gleichen Zeit filmte der Psychologe Paul Ekman Patienten, bei denen eine schwere Depression diagnostiziert worden war, die ihren Zustand aber verbargen. Beim ersten Fall entdeckten Ekman und sein Kollege Wallace Friesen in der Zeitlupe Mikroexpressionen, die starke negative Gefühle zum Ausdruck brachten, die der Patient zu unterdrücken versuchte. Danach fanden Ekman und sein Team auch subtile Expressionen.

Zeigt eine Person die subtile Variante eines Gesichtsausdrucks, hat die Person entweder gerade erst angefangen, die mit diesem Ausdruck assoziierte Emotion zu fühlen, oder sie versucht, ihr Gefühl zu verbergen. Wird die Expression deutlicher, zeigt dies, dass die subtile Expression der Auftakt zur Emotion war, wird sie schwächer, versucht die Person wahrscheinlich, ihr Gefühl zu verbergen.

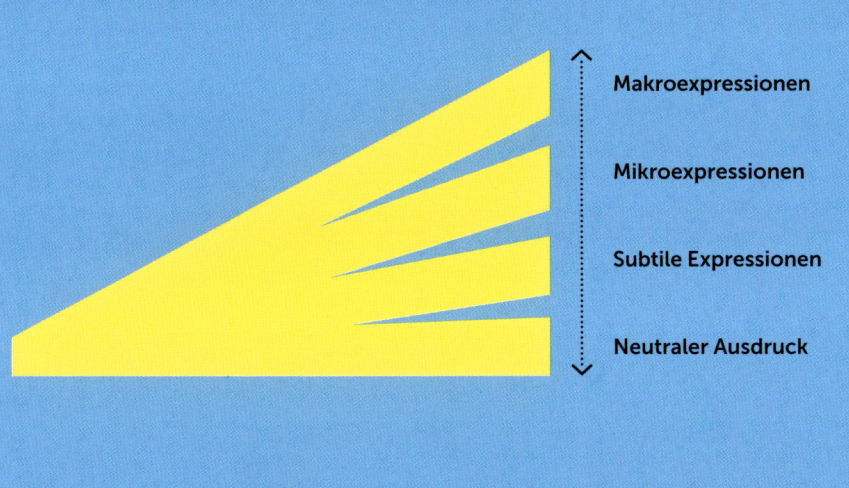

Die Intensität von subtilen Expressionen beträgt etwa 20 % der Intensität von Makroexpressionen.

01. Angenehme Überraschung: Ein schnelles Heben und Senken der Augenbrauen

WAHRHEIT ODER LÜGE?

Paul Ekman hat mehr als jeder andere zur Erforschung von Expressionen aller Art beigetragen und ein System entwickelt, um sie nach Geschwindigkeit und Intensität einzuordnen. Er behauptet, fast jede(r) könne lernen, diese winzigen Zeichen zu sehen. Er konzentrierte sich vor allem auf die Fähigkeit, zu erkennen, ob eine Person die Wahrheit sagt.

Die Fähigkeit, zu bemerken, wenn jemand Sie hintergeht, ist offenkundig sehr nützlich, aber gar nicht so einfach zu erlangen, da es keine spezielle Makro-, Mikro oder subtile Expression gibt, die eine Lüge anzeigt. Aufschlussreich sind vielmehr Gesichtsausdrücke, die offenbaren, dass der Sprecher gestresst ist, Angst hat oder sich unwohl fühlt – Gefühle, die häufig vorkommen, wenn jemand Täuschungsabsichten hegt. Das Wichtige ist, diese Zeichen im situativen Kontext zu lesen, insbesondere im Hinblick auf die verbalen Aussagen der Person.

Eine gute Möglichkeit, diese Fähigkeit zu trainieren, bieten Interviews mit Personen, die höchstwahrscheinlich unsicher sind oder bekanntermaßen oft lügen. Nachrichtenbeiträge mit Politikern eignen sich besonders gut. Stellen Sie den Ton aus und betrachten Sie das Gesicht der Person ganz genau. Nun ignorieren Sie die Makroexpressionen und achten stattdessen auf schwache oder sehr schnelle Muskelbewegungen, vor allem um Mund und Augen.

Schauen Sie sich Abschnitte, in denen Sie diese Zeichen zu bemerken glauben, mehrmals an, bis Sie sie deutlich erkennen und wissen, was Sie sehen – ein leichtes Herabziehen der Mundwinkel? Ein Muskelzucken unter dem Auge? Da Mikro- und subtile Expressionen sich nur in Dauer und Intensität von Makroexpressionen unterscheiden, sollte es Ihnen gelingen, die Bedeutung dieser Zeichen zu entschlüsseln. Jetzt stellen Sie den Ton wieder an und hören genau hin, was die Person sagt, wenn die Mikroexpression aufblitzt. Passt sie zum Gesagten? Wenn nicht, ist die Wahrscheinlichkeit hoch, dass die Person nicht vollkommen aufrichtig war.

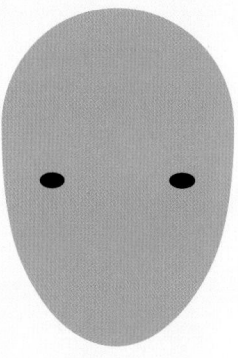

02. Böse Überraschung: Verengte oder zusammengekniffene Augen

03. Verachtung: Lippen nur auf einer Seite hochgezogen

04. Ärger/Aggression: Vorgeschobener Unterkiefer, zusammengezogene Augenbrauen

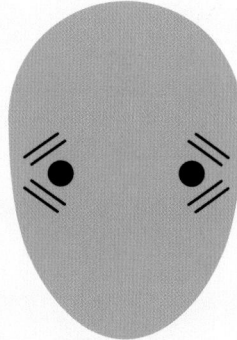

05. Angst: Muskelzucken rund um Augen oder Wangen

06. Ekel: Naserümpfen, verengte Augen und heruntergezogene Augenbrauen

07. Sorge: Schräg hochgezogene Augenbrauen, nach unten gezogene Mundwinkel

DOMINANTE
HABEN
GESTEN ALS
TIERTE, SELBST
SIC
FÜHLEN.

PERSONEN AUSLADENDERE INTROVER- WENN SIE UNTERLEGEN

KÖRPERSPRACHE

Der Gesichtsausdruck sendet die offensichtlichsten Signale über die Gefühle einer Person, aber auch der Rest des Körpers übermittelt deutliche Botschaften, wenn man sie zu lesen versteht. Körpersprache ist oft entlarvender als Mimik, weil sie durchweg unbewusst ist.

Um Körpersprache zu entschlüsseln, müssen verschiedene Faktoren einbezogen werden: die Persönlichkeit des betreffenden Menschen, das, was er sagt, und der gesamte Kontext des Zusammentreffens. Ein Großteil dieser Informationen steht normalerweise nicht zur Verfügung, aber man kann die emotionale Verfassung einer Person und – bis zu einem gewissen Grad – auch ihre Persönlichkeit daran ablesen, wie sie sich bewegt, dasteht und körperlich interagiert.

Körpersprache ist genauso universell wie Gesichtsausdrücke. Das geht aus zahlreichen Experimenten hervor, bei denen der sogenannte „Lichtpunktläufer" zum Einsatz kam: Bei einem Schauspieler werden an verschiedenen Stellen seines Körpers – Schultern, Knie, Hüfte, Kopf, Hände etc. – kleine Lämpchen befestigt. Dann bewegt er sich durch einen abgedunkelten Raum, sodass nur die leuchtenden Lampen zu sehen sind. Bei einem dieser Experimente wurde der Schauspieler angewiesen, so zu laufen, als sei er traurig, aufgeregt oder verängstigt. Freiwillige aus verschiedenen Ländern sollten anhand der Bewegungen der Lichter herausfinden, welches Gefühl dargestellt wurde. In beinahe jedem Fall lagen die Teilnehmenden richtig. Interessanterweise wurde Angst am häufigsten erkannt, wahrscheinlich, weil unser Gehirn darauf getrimmt ist, potenzielle Gefahren ganz schnell zu erkennen. Es folgten Ärger, Ekel und Traurigkeit.

Das Experiment legt nahe, dass Emotionen den gesamten Körper betreffen und in allen Kulturen ähnlich dargestellt werden.

Allerdings variiert die Körpersprache von Person zu Person, weil jeder eine andere „Basislinie" hat, die bestimmt, wie deutlich er oder sie Emotionen zum Ausdruck bringt. Diese Basislinie hängt davon ab, wie stark eine Person ihre Emotionen zurückhält, und das ist wiederum eine Frage von Extroversion und Selbstvertrauen – dominante Personen haben ausladendere Gesten als introvertierte, selbst wenn sie sich unterlegen fühlen.

In einigen Kulturen gilt jedoch das Zurschaustellen von Emotionen als unangemessen: Jeder lernt von klein auf, seine Gefühle im Zaum zu halten, was das Interpretieren eines einzelnen Verhaltens natürlich erschwert. Aber schauen wir uns doch einmal an, was die Basislinien ausmacht.

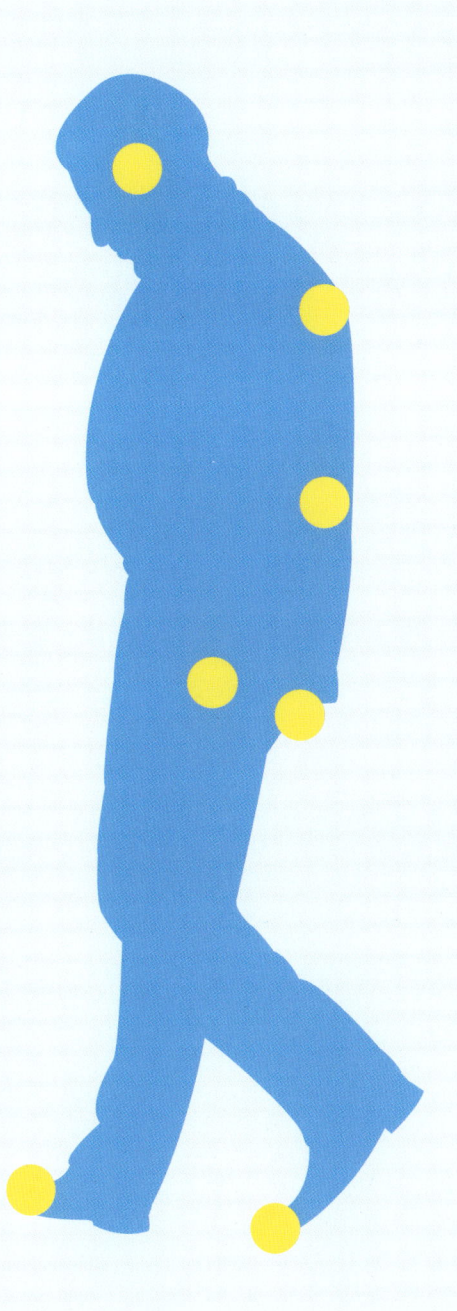

Anhand von „Lichtpunktläufern" kann man Bewegungsmuster erkennen und sich ganz auf die Körpersprache konzentrieren, hier der „traurige" Gang.

DEN KÖRPER LESEN

Körpersprache ist universell, gut sichtbar und sehr aussagekräftig, aber häufig nehmen wir sie nicht bewusst war. Das bedeutet auch, dass es uns oft nicht gelingt, sie effektiv zu nutzen, um andere zu entschlüsseln oder zu beeinflussen. Dies können Sie verbessern, indem Sie jeden Aspekt der Körpersprache einer Person aufmerksam betrachten und analysieren, ungefähr so, als wollten Sie ein Gedicht Zeile für Zeile analysieren, um am Ende das Ganze zu verstehen.

In einer Studie, die Videos von 2000 Geschäftsverhandlungen auswertete, erwies sich ein Detail als entscheidend: Sobald eine Partei übereinandergeschlagene Beine hatte, kam es zu keiner Einigung. Diese faszinierende Studie unterstreicht die Macht der Körpersprache – die hier Widerstand signalisierte – über Worte und Mimik. Und trotzdem ist sie eine der am wenigsten bewusst genutzten Kommunikationsformen.

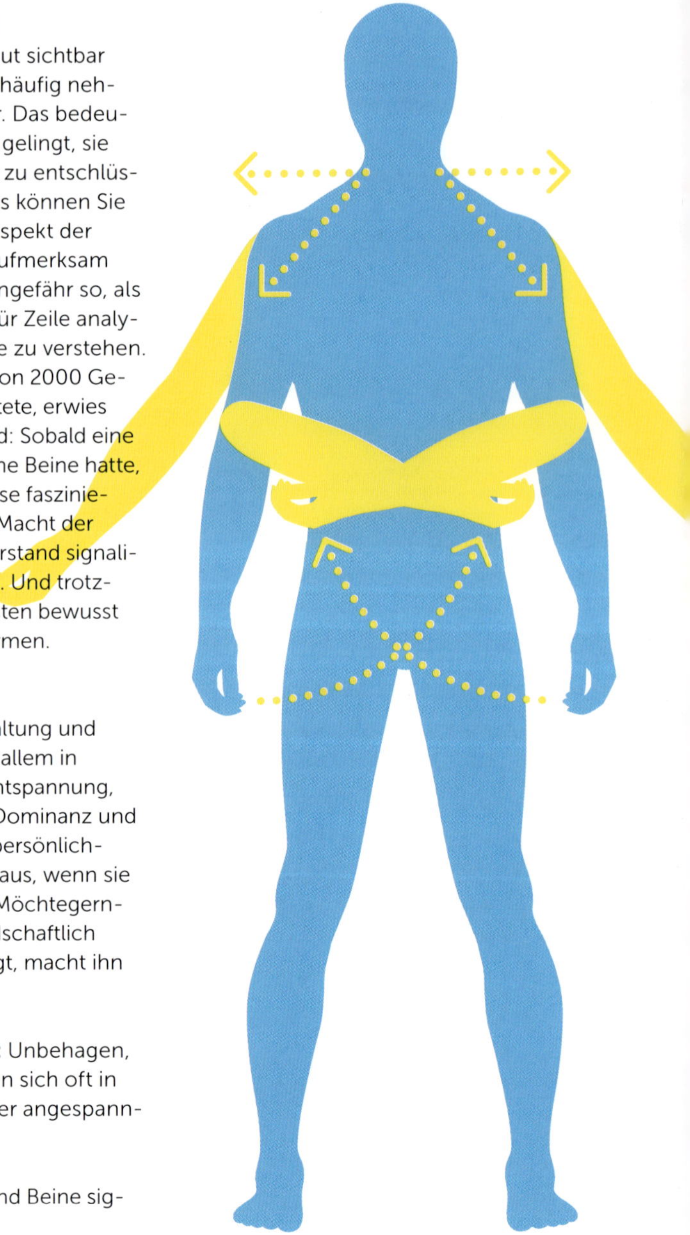

HALTUNG

Selbstvertrauen: Aufrechte Haltung und abgespreizte Gliedmaßen, vor allem in Verbindung mit scheinbarer Entspannung, signalisieren Selbstvertrauen, Dominanz und Autorität. Politische Führungspersönlichkeiten breiten gerne die Arme aus, wenn sie zu den Massen sprechen; ein Möchtegern-Anführer, der scheinbar freundschaftlich den Arm um seinen Rivalen legt, macht ihn damit kleiner.

Mangelndes Selbstvertrauen: Unbehagen, Furcht und Unsicherheit zeigen sich oft in hängenden Schultern und einer angespannten, steifen Haltung.

Abwehr: Verschränkte Arme und Beine signalisieren Widerstand.

BEWEGUNG

Unsicherheit: Wer unsicher ist, hat die Tendenz, an seinen Händen herumzunesteln oder mit den Füßen zu zappeln.

Schüchternheit: Wer zu Boden blickt, wird für schüchtern oder verlegen gehalten.

Ängstlichkeit zeigt sich in abgehackten, zögerlichen Bewegungen; die Person dreht sich seitlich zu anderen, wendet ihren verletzlichen Rumpf ab.

Fröhlichkeit: Wer sich sicher fühlt und gut gelaunt ist, bewegt sich dynamisch und leicht, macht große, schwungvolle Schritte und lässt dabei die Arme schwingen.

Traurigkeit zeigt sich vor allem im Oberkörper: leicht hängende Schultern und gebeugter Kopf.

Ungeduld: Übertriebenes Nicken signalisiert Unsicherheit oder Ungeduld – hier kommt es auf den Kontext an.

Aggression: Wer mit dem Finger auf andere zeigt, signalisiert Aggression oder Arroganz; ein erhobener (Zeige-)Finger ist ein Zeichen von Sicherheit und Autorität.

Selbstvertrauen: Große, ausladende Gesten signalisieren Selbstvertrauen.

KONTROLLIERTE BEWEGUNGEN

> Ausgebreitete Arme mit nach unten weisenden Handflächen vermitteln ruhige Entschlossenheit oder deuten auf Strenge und Kontrollbedürfnis hin.

> Ausgebreitete Arme mit nach oben weisenden Handflächen werben um Zustimmung. In Verbindung mit einem Schulterzucken: Resignation.

> Geballte Fäuste deuten auf Entschlossenheit oder Ärger hin oder zeigen, dass Sie nervös sind und versuchen, sich zusammenzureißen.

> Das Aneinanderreiben der Hände weist auf Stress hin. „Waschbewegungen" mit den Händen signalisieren Vorfreude.

> Steepling („Merkel-Raute" oder „Raute der Macht") zeigt Nachdenklichkeit, aufmerksames Zuhören oder Zuversicht an und deutet auf Macht hin.

INTERAKTION

> Wer die Bewegungen von anderen nachahmt, zeigt, dass er mit ihnen auf einer Wellenlänge liegt; oft ein Zeichen von Zuneigung oder Attraktivität.

> Körperliche Nähe und Berührungen signalisieren ebenfalls Sympathie.

> Die Fußstellung sagt viel aus: Weisen Ihre Fußspitzen auf eine Person, interessiert sie Sie wahrscheinlich. Wenn aber eine oder beide Fußspitzen von der Person weg zeigen, langweilen Sie sich, vielleicht wären Sie gern woanders.

> Dominante Personen sagen gern, wo's langgeht: Sie betreten Räume als erste und gehen vor anderen. Ausnahmen: Will jemand seinen hohen Status deutlich machen, geleitet er andere und lässt ihnen den Vortritt – eine Art gönnerhafte Bevormundung.

KLEIDER MACHEN LEUTE

Unser Äußeres – Kleidung, Frisur und Körperschmuck – ist ein gezielter Ausdruck unserer Persönlichkeit, unseres Selbstbilds und sogar unserer Weltsicht. Kleider machen tatsächlich Leute, sie sagen unserer Umgebung, wer wir sind und wie wir gesehen werden wollen.

Beide Geschlechter nutzen Kleidung, um ein bestimmtes Bild zu vermitteln, das mitunter nicht ganz der Realität entspricht. Eine Studie, die untersuchte, wie Leute sich bei Verabredungen kleiden, fand heraus, dass Männer tendenziell ihre teuersten oder konservativsten Kleider tragen. Damit schienen sie bezwecken zu wollen, finanziell abgesichert und leistungsbereit zu wirken. Frauen hingegen entschieden sich für Kleidungsstücke, die jene körperlichen Merkmale betonten, die sie für besonders wohlgeraten hielten.

Ursprünglich kleidete sich der Mensch wohl, um sich zu schützen, aber bereits in der frühen Menschheitsgeschichte schien er damit auch seine Identität zum Ausdruck bringen zu wollen – Gruppenzugehörigkeit, Status, Reichtum – oder um Sexualpartner zu werben. Heute gilt Selbstdarstellung durch Kleidung als selbstverständlich; man kann Bücher darüber lesen oder in Kursen lernen, wie man mit Kleidern ein bestimmtes Image vermittelt. Wer rot trägt, so heißt es, wirke selbstbewusst und sexuell attraktiv. Ein Dreitagebart soll cool wirken. Viele Kleidungsstile haben sich zu regelrechten Codes entwickelt: Abgesehen von den offiziellen Uniformen von Polizisten und Soldaten haben auch die Anzüge von Geschäftsleuten und die Bodysuits von Sportlern Uniformcharakter.

Diese Konventionen machen es jedoch nicht einfacher, sondern schwerer, eine Person nach ihrer Kleidung zu beurteilen: Niemand kleidet sich ausschließlich in rot, so mancher Mann mit Dreitagebart hatte schlicht keine Zeit zum Rasieren, und auch Banker gehen joggen. Mit anderen Worten: Um zu verstehen, was die Kleidung einer Person aussagt, muss man ihre gesamte Persönlichkeit und den Kontext berücksichtigen.

Jemand, der im eleganten Anzug zum Bewerbungsgespräch erscheint, ist nicht automatisch gewissenhaft und fleißig, aber man kann davon ausgehen, dass er den Job will und klug genug ist, die passende Kleidung zu wählen. Und wenn jemand in zerrissenen Jeans auf einem förmlichen Event aufkreuzt, kann das entweder bedeuten, dass er rebellisch ist und Äußerlichkeiten verachtet oder dass er einen peinlichen Fehler begangen hat. Erst sein Verhalten (trotzig? verlegen?) gibt hier Aufschluss.

Noch komplizierter wird die Sache dadurch, dass die Menschen von der Kleidung, die sie tragen, beeinflusst werden: Personen, die einen Arztkittel trugen, wurden geistig beweglicher, und Frauen, die einen Rechentest im Badeanzug ablegten, schnitten schlechter ab als die Vergleichsgruppe in normaler Straßenkleidung. Wer gut gekleidet ist, *ist* auch gut in dem, was er tut.

DRESSCODES

Es herrscht ein breiter Konsens darüber, was bestimmte Kleider signalisieren, da diese Vorstellungen stark propagiert werden. Dadurch fällt es leicht, sie wirkungsvoll einzusetzen oder sogar andere zu manipulieren.

So macht man z. B. die verbreitete Vorstellung, dass Frauen, die rot tragen, sexuell verfügbar und freundlicher seien, dafür verantwortlich, dass weibliches Servicepersonal im roten T-Shirt bis zu 26 % mehr Trinkgeld erhält als in anderen Farben gekleidetes.

Eine spezielle Kleiderwahl scheint auch die Denkweise der Träger zu beeinflussen. In einem Experiment bat man Freiwillige, sich entweder normal oder möglichst formell zu kleiden. Dann gab man ihnen eine Liste mit Tätigkeiten, die sie beschreiben sollten – entweder abstrakt oder ganz konkret. Wenn z. B. der Begriff „Wählen" auf der Liste stand, könnte die abstrakte Umschreibung „Einfluss auf eine Abstimmung nehmen" lauten und die konkrete „einen Stimmzettel ausfüllen". Die formell gekleideten Teilnehmenden bevorzugten die abstrakte Bedeutung.

In einem anderen Experiment bat man 54 College-Studenten, zwei verschiedene Outfits mitzubringen, ein formelles und ein legeres (man sagte ihnen, in der Studie gehe es darum, welchen Eindruck Menschen aufgrund ihrer Kleidung hinterlassen). Per Zufallsprinzip wurde entschieden, welches Outfit angezogen werden sollte. Dann gab man ihnen einen Test, der messen sollte, ob sie eher auf das große Ganze oder auf Details achteten. Unter anderem wurden ihnen große Buchstaben vorgelegt, die aus kleinen Buchstaben bestanden, und sie sollten rasch sagen, welchen Buchstaben sie sahen. Die formell Gekleideten tendierten eher dazu, die großen Buchstaben zu sehen, konzentrierten sich also stärker auf das große Ganze.

Zwar weiß man viel darüber, wie Menschen die Kleidung anderer interpretieren, aber die Gültigkeit dieser Interpretationen wurde bislang wenig erforscht.

Schuhe scheinen besonders aussagekräftig zu sein: In einem Experiment erfassten Forscher die Persönlichkeiten einer Gruppe von Leuten. Eine andere Gruppe, welche die erste nicht gesehen hatte, erhielt Beschreibungen von deren Schuhen und sollte daraufhin die Persönlichkeiten einschätzen. Die Trefferquote war höher als bei zufälliger Zuordnung.

Man fand unter anderem heraus, dass Träger von knöchelhohen Schuhen weniger sympathisch wirken als Leute, deren Füße zu sehen waren, und dass unsichere Personen eher unauffällige Schuhe tragen. Es gab aber auch Fehleinschätzungen: Dass die Träger von schicken, gepflegten Schuhen gewissenhafter sind, konnte nicht bestätigt werden.

TOOLKIT

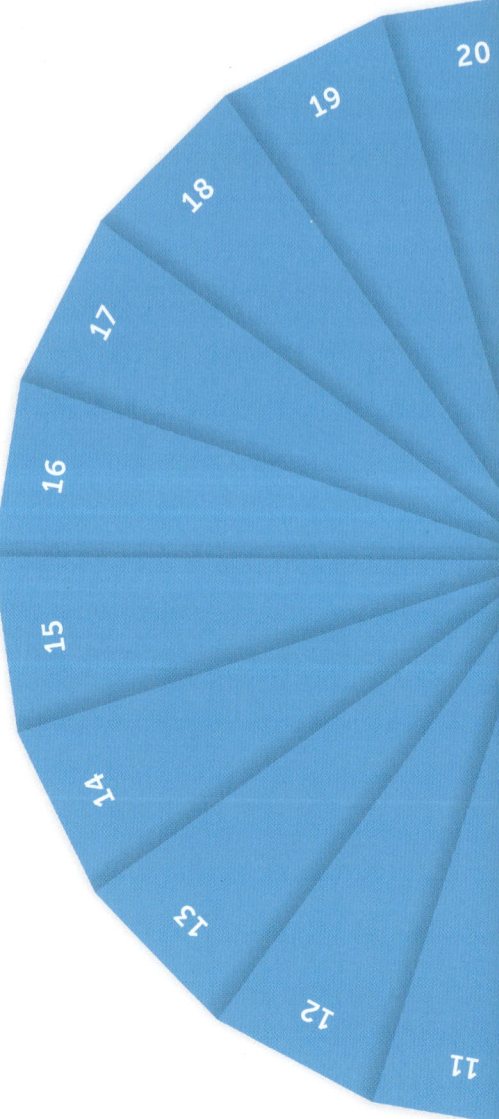

05

Die Art und Weise, wie Menschen sich durch Mimik, Körpersprache und Kleidung präsentieren, kann bewusst oder unbewusst sein. Die bewusste Selbstdarstellung kann täuschen, daher sollten Sie neben den offensichtlichen Signalen auch auf die unbewusst ausgesandten achten. Stimmt die willentlich gesteuerte Darstellung einer Person mit ihren unbewussten Botschaften überein, zeigt sie wahrscheinlich ihr „wahres Ich".

06

Der Gesichtsausdruck ist Teil der gefühlten Emotion und nicht nur deren äußeres Anzeichen. Makroexpressionen können zwar unterdrückt oder vorgetäuscht werden, aber die flüchtigen Mikroexpressionen oder subtilen Expressionen sind der wahre Spiegel der Gefühle.

07

Körpersprache ist in der Regel authentisch und bildet in gewissem Umfang das physische Vorhaben einer Person ab. Die Füße zeigen z. B. in die Richtung, in die man gehen möchte, und man bewegt sich auf Dinge oder Personen zu, die man mag.

08

Die Art, wie jemand sich kleidet, sendet unübersehbare, aber auch sehr schwer interpretierbare Signale über eine Person. Die Wahl der Garderobe hängt auch immer vom Anlass ab, daher wäre es unklug, jemanden auf der Grundlage eines einzigen Treffens nach seiner Kleidung zu beurteilen. Vergessen Sie nicht, dass Leute oft versuchen, einen möglichst positiven Eindruck zu hinterlassen, und daher das Bild, das sie vermitteln, nicht unbedingt ihr wahres Wesen widerspiegelt.

ZUR VERTIEFUNG

LESEN

Gefühle lesen. Wie Sie Emotionen erkennen und richtig interpretieren
Paul Ekman
(Springer, 2017)

Die kalte Schulter und der warme Händedruck. Ganz natürliche Erklärungen für die geheime Sprache unserer Körper
Allan und Barbara Pease
(Ullstein, 2013)

Wir alle spielen Theater. Die Selbstdarstellung im Alltag
Erving Goffman (Piper, 2003)

Körpersprache für Dummies
Elizabeth Kuhnke
(Wiley-VCH, 2017)

ANSCHAUEN

Lie to Me
TV-Serie mit Tim Roth

Can You Really Tell if A Kid Is Lying?
Kang Lee
TED-Talk

How to Spot A Liar
Pamela Meyer
TED-Talk

LERNEN & STUDIEREN

Paul Ekman International
Verschiedene Online-Kurse über Mimik und Gesichterlesen (in englischer Sprache)
www.ekmaninternational.com

BESUCHEN

Modemuseen
Historische Modekollektionen vermitteln auf eindrückliche Weise, wie Kleidung benutzt wurde, um den Status anzuzeigen.

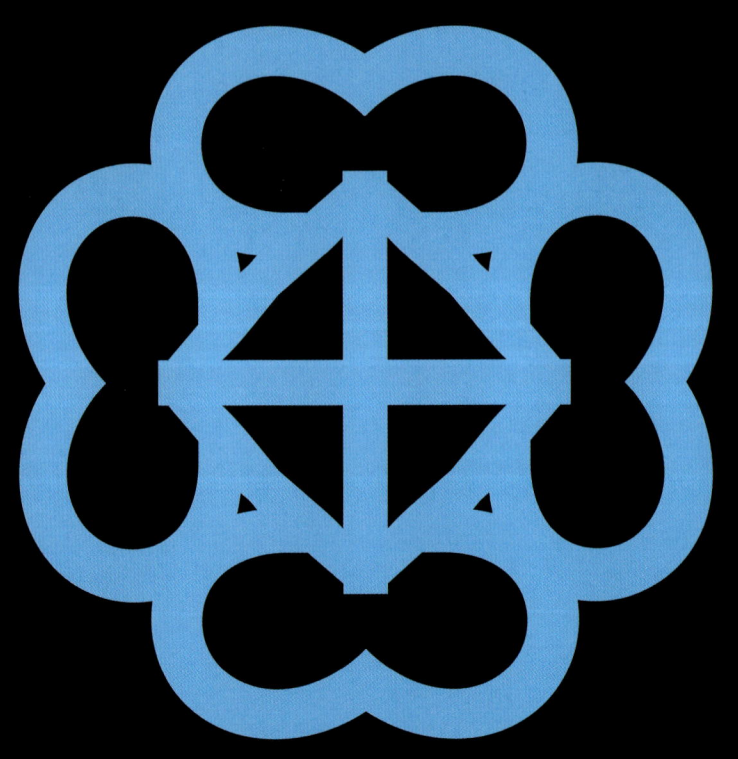

PERSÖNLICHKEIT UND WESEN DES MENSCHEN

LEKTIONEN

09 DIE SUCHE NACH DER MENSCHLICHEN NATUR
Einzigartige Persönlichkeiten und ihre Einordnung in Gruppen.

10 TYPEN UND STEREOTYPE
Das Eckige passt nicht ins Runde.

11 WIE PERSÖNLICHKEIT ENTSTEHT
Wer bist du und wenn ja, wie viele?

12 GEDANKENLESEN
Was die Gesellschaft zusammenhält.

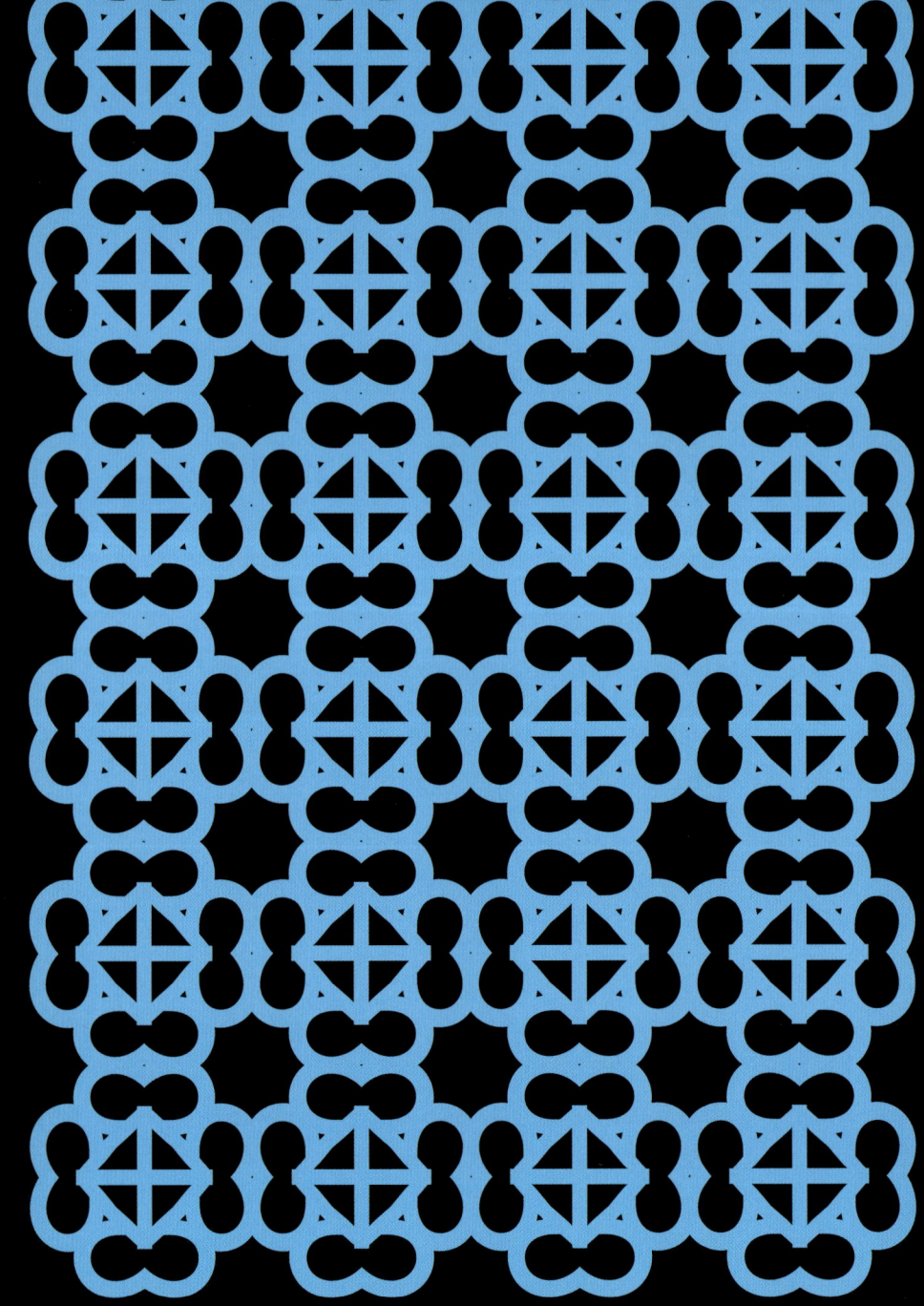

Wir kennen nur wenige Menschen persönlich, doch bei fast jeder Interaktion mit einer anderen Person erfahren wir etwas über sie.

Auf der Erde leben über sechs Milliarden Menschen, jeder von ihnen ist einzigartig. Nur wenige kennen wir persönlich, doch bei fast jeder Interaktion mit einer anderen Person erfahren wir etwas über sie.

Bei einem zufälligen Aufeinandertreffen müssen wir dem Verhalten der anderen Person vertrauen. Wenn wir z. B. Bus fahren, wägen wir innerhalb von Sekundenbruchteilen ab, auf welchen Platz wir uns setzen, weil wir sicher gehen wollen, dass unser Sitznachbar nicht unverschämt oder gewalttätig ist.

Aber was ist mit dem Busfahrer? Wir wollen uns darauf verlassen können, dass er kompetent und nüchtern ist. Meistens können wir das, weil Menschen auf verantwortungsvollen Posten in der Regel auf ihre fachliche Kompetenz und eine geeignete Persönlichkeitsstruktur getestet wurden.

Das Messen, Erfassen und Beschreiben der menschlichen Persönlichkeit nennt man Psychometrie. In den letzten Jahren hat sich dieses Teilgebiet der Psychologie zu einer eigenständigen Wissenschaft entwickelt und einen großen Wirtschaftszweig hervorgebracht. Praktisch jeder von uns ist Gegenstand psychometrischer Analysen, entweder direkt, z. B. wenn wir uns bei einer großen Firma bewerben, oder in Form der (meist verdeckten) Sammlung von Daten, die wir preisgeben, wenn wir etwas kaufen, eine Webseite besuchen oder eine Bewertung abgeben.

Mit den Instrumenten der Psychometrie kann man, ausgehend von kleinen Informationshäppchen, viel über eine Person herausfinden. In den folgenden vier Lektionen setzen wir diese „Häppchen" zusammen und lernen, das Gesamtbild zu entschlüsseln.

09
BUILD +
BECOME

DIE SUCHE NACH DER MENSCHLICHEN NATUR

Francis Galton war ein überaus tatkräftiger Mann, der im 19. Jahrhundert nicht nur die forensische Auswertung von Fingerabdrücken erfand, die Tropen erforschte, die Eugenik voranbrachte und die erste Wetterkarte entwickelte, sondern auch die Zeit fand, ein Wörterbuch nach Begriffen zu durchforsten, die Persönlichkeitsmerkmale beschrieben.

Galton schrieb 1000 Wörter heraus und ordnete sie in Gruppen; so gehörten für ihn z. B. die Attribute *redselig, kontaktfreudig* und *gesellig* zusammen, während *ängstlich, unsicher* und *vorsichtig* einer anderen Gruppe angehörten. Um das Jahr 1936 wurde diese Methode von den Psychologen Gordon Allport und Henry Odbert weiterentwickelt. In *Webster's New International Dictionary* fanden sie etwa 18.000 relevante Wörter, scheiterten aber an einer Kategorisierung. Es fehlte jemand, der die enorme Datenmenge in ein brauchbares Werkzeug verwandelte.

Dieser Jemand war der absonderliche Psychologe Raymond Cattell. Er nutzte die Informationen, um die weitgehend verborgene „Gestalt" der menschlichen Persönlichkeit zu offenbaren. In den 1940er-Jahren bewegte Cattell Tausende von Menschen dazu, sich selbst und andere mithilfe der 18.000 Wörter einzuschätzen. Dann filterte er heraus, welche Attribute bei Einzelpersonen am häufigsten zusammen vorkamen. Er entdeckte z. B., dass eine unsichere Person eine höhere Wahrscheinlichkeit hat, an Depressionen zu leiden. Allerdings sagt Unsicherheit nichts darüber aus, ob jemand fürsorglich, vertrauensvoll oder aufgeschlossen ist.

Cattell stellte wie Galton Wortgruppen zusammen, die alle Begriffe enthielten, die miteinander in Beziehung standen, aber keine, die keine Verbindung aufwiesen. Nach jahrelangen Analysen legte er sechzehn Gruppen fest, mit denen sich nach exakter Einordnung jede Person beschreiben ließe.

In späteren Jahren konnte Galton für seine Forschung einen der ersten Großrechner nutzen, den Röhrencomputer ILLIAC I, gebaut von der University of Illinois, an der er später auch unterrichtete. Dank immer leistungsfähigerer Computer konnten andere Wissenschaftler sogar noch komplexere Analysen von Persönlichkeitsdaten vornehmen. Am Ende reduzierten sich Cattells sechzehn Faktoren auf fünf Hauptdimensionen der Persönlichkeit: Offenheit, Gewissenhaftigkeit, Extraversion, Verträglichkeit und Neurotizismus. Dieses Fünf-Faktoren-Modell („Big Five") wird, von den englischen Begriffen abgeleitet, auch OCEAN-Modell genannt.

Theoretisch ist jede Dimension von den anderen unabhängig. Die Merkmale innerhalb einer Gruppe stehen in rechnerisch genau erfassten Beziehungen, z. B. hat eine unsichere Person eine 75 % höhere Wahrscheinlichkeit, depressiv zu sein als jemand mit

Extravertiert

redselig
waghalsig
aktiv
gesellig
dominant
abenteuerlustig
fröhlich
begeisterungsfähig

Verträglich

mitfühlend
liebenswürdig
kooperativ
vertrauensvoll
freundlich
offen
nachsichtig
teamfähig

Gewissenhaft

organisiert
effizient
methodisch
pflichtbewusst
hartnäckig
verlässlich
leistungsbereit
verantwortungsbewusst

Stabil

ausgeglichen
zufrieden
entspannt
optimistisch
sich selbst annehmend
tolerant
gelassen
selbstgenügsam

Offen (für Erfahrungen)

kreativ
wissbegierig
künstlerisch interessiert
gefühlsoffen
experimentierfreudig
aufgeschlossen
romantisch
verspielt

niedrigem Unsicherheitswert, und gesellige Menschen sind zu 22 % reisefreudiger. Aus diesen Ergebnissen wurde ein Test entwickelt, der Hunderte von Aussagen – z. B. „Ich schließe rasch Freundschaften" oder „Ich wähle liberale Kandidaten" – enthält, welche die Teilnehmenden auf einer Skala von 1 bis 5 nach dem Grad ihrer Zustimmung bewerten.

Persönlichkeitstests sind heftig umstritten, aber das hat die Psychometrie nicht davon abgehalten, zu einem riesigen Geschäftszweig anzuwachsen.

DIE „BIG FIVE"

Wer für ein großes Unternehmen arbeiten, Pilot werden oder ein Kind adoptieren will, muss einen Persönlichkeitstest absolvieren. Eine Erhebung bei Firmen mit entsprechender Personalabteilung ergab, dass 75 % ihre Bewerber psychometrischen Tests unterziehen und den Testergebnissen so sehr vertrauen, dass diese zumindest teilweise darüber bestimmen, wer die Stelle bekommt.

Der Big-Five-Test (mit all seinen Abwandlungen) liefert eine grobe Beschreibung der Persönlichkeit und vermittelt ein klareres Bild der eigenen Stärken und Fähigkeiten, als man durch einfaches Nachdenken erhalten würde. Davon ausgehend kann man sich die Frage stellen, inwiefern die eigene Persönlichkeit sich in wichtigen Lebensbereichen förderlich oder hinderlich auswirkt.

Um Ihre Stärken und Schwächen zu erfahren, müssen Sie den gesamten Big-Five-Fragebogen ausfüllen, aber einen ersten Eindruck vermitteln die Beschreibungen auf S. 71: Welche Attribute treffen Ihre Persönlichkeit am besten?

+ PRAKTISCHER TIPP

01. Gibt es Eigenschaften, die die Verwirklichung meiner Pläne behindern?
02. Gibt es eine bestimmte Dimension, deren Einstufung erklärt, warum ich gut bzw. schlecht in etwas bin? Wenn das der Fall ist: Wie kann ich es ändern?
03. Eröffnen mir Wesenszüge Möglichkeiten, die ich aktuell nicht nutze? Wenn ja: Wie kann ich sie besser nutzen?

Das Einüben dieser Denkweise kann Ihnen helfen, die Art, wie Sie auf andere reagieren, zu überdenken und vielleicht sogar zu ändern. Möglicherweise stellen Sie fest, dass die Person, die distanziert und kühl erscheint, in Wirklichkeit einen niedrigen Extraversionswert hat und etwas mehr Raum braucht als andere. Die ewig ängstliche Person hat vielleicht einen hohen Neurotizismuswert und ist schlicht nicht in der Lage, ihre negativen Emotionen zu kontrollieren.

Das Wissen um Persönlichkeitsdimensionen ändert diese zwar nicht, ermöglicht aber, Menschen besser zu verstehen und vielleicht ihre „Kehrseite" kennenzulernen.

Wenn Sie einen niedrigen Gewissenhaftigkeitswert haben, wird Ihnen am Arbeitsplatz wahrscheinlich oft Nachlässigkeit vorgeworfen. Die „Big Five" sagen aber, dass solche Menschen meist auch sehr spontan und flexibel sind, also suchen Sie sich am besten einen Job, in dem diese Qualitäten geschätzt werden. Vielleicht passt freiberufliches Arbeiten besser zu Ihnen als Angestellter einer großen Firma zu sein.

Ein hoher Wert bei Offenheit kann sich darin äußern, dass andere Ihr ständiges Infragestellen bemängeln oder Sie schnell gelangweilt sind. Aber gemäß „Big Five" sind Sie tendenziell auch sehr erfinderisch. Umgeben Sie sich daher lieber mit Leuten, die Ihre Fähigkeit, Konventionen zu hinterfragen und neue Wege zu beschreiten, zu schätzen wissen.

+ TEST

Lesen Sie die Begriffe in den Kreisen auf S. 71 und stufen Sie sich (oder die Person, die Sie analysieren) bei jeder Eigenschaft auf einer Skala von 0 bis 5 ein. Nun die Werte jeder Gruppe addieren, das Ergebnis durch 8 teilen und das Resultat auf der jeweiligen „Speiche" eintragen. Wenn Sie die Punkte verbinden, ergibt sich eine Figur, die Ihr „Wesen" abbildet. 4-5-2-1-3 ergeben folgende Figur:

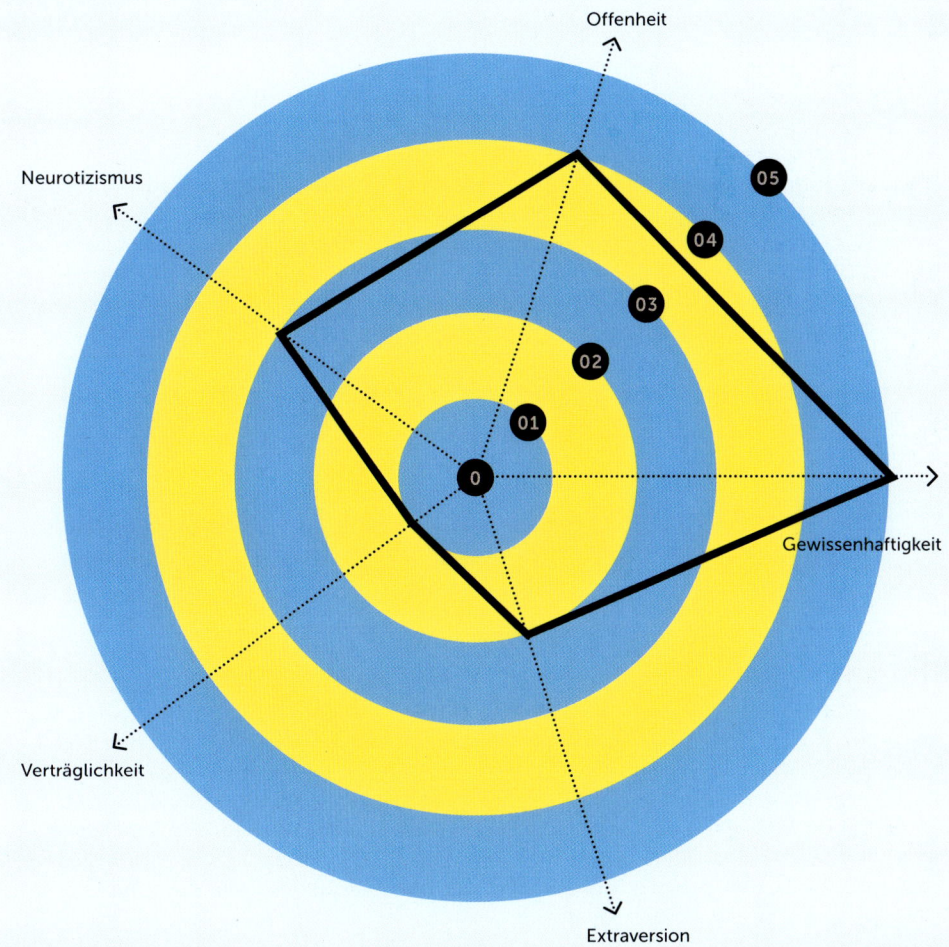

TYPEN UND STEREOTYPE

Der perfekte Persönlichkeitstest wäre einer, der durch die Ermittlung eines einzigen winzigen Details die gesamte Person durchschaut. Astrologie beruht auf diesem Prinzip: Man gibt die Geburtszeit ein und erhält eine ausführliche Charakterbeschreibung. Leider entbehrt die Astrologie jeglicher wissenschaftlicher Basis, daher sollte man nur zum Spaß auf sie zurückgreifen.

Es gibt aber durchaus Typologiesysteme, die sich als bahnbrechend und sehr nützlich erwiesen haben. Über jemanden, der einen Persönlichkeitstest ausfüllt, weiß man theoretisch mehr, als man innerhalb einiger Monate über einen guten Bekannten erfährt. Persönlichkeitstests verwenden alle eine ähnliche Methode – aus wenigen Fakten vieles ableiten – und wurden durch viele Studien bestätigt. Von den zahlreichen Typologien zur Kategorisierung der Persönlichkeit ist der Myers-Briggs-Typenindikator (MBTI) am bekanntesten. Er wurde in den 1930er- und 1940er- Jahren von zwei US-amerikanischen Autodidaktinnen entwickelt: von Katharine Cook Briggs und ihrer Tochter Isabel Briggs Myers. Ihr System orientiert sich an den psychologischen Typen C. G. Jungs und kommt auf sechzehn verschiedene Persönlichkeitstypen, die durch eine Kombination von vier Buchstaben beschrieben werden.

Andere Typenlehren speisen sich aus ganz anderen Quellen. Das von Georges I. Gurdjieff entwickelte Enneagramm z. B. basiert auf Vorstellungen des Sufismus und der Bibel.

Das Enneagram unterscheidet neun verschiedene Persönlichkeitstypen – Reformer, Geber, Dynamiker, Romantiker, Beobachter, Loyalist, Epikureer, Boss, Vermittler – die wiederum in drei Subtypen unterteilt werden: sexuell, sozial/gesellig und selbsterhaltend. Der sexuelle Subtyp sucht instinktiv nach engen Partnerbeziehungen, um sich sicher zu fühlen, soziale Typen finden Rückhalt in Gruppen, und selbsterhaltende Typen kümmern sich vor allem um sich selbst. Wäre eine Menschengruppe plötzlich einer Bedrohung durch z. B. ein Erdbeben ausgesetzt, würde der sexuelle Typ seine(n) Geliebte(n) schnappen und abwarten, der soziale Typ dem Herdentrieb folgen und der selbsterhaltende Typ würde direkt auf die Bedrohung reagieren und alles unternehmen, um sein Leben zu retten.

> **DER MYERS-BRIGGS-TYPENINDIKATOR**
> I (Introversion) oder E (Extraversion); S (Sensorik) oder N (iNtuition); T (Thinking/Denken) oder F (Fühlen); J (Judging/Beurteilung) oder P (Perceiving/Wahrnehmung). Typ ISTJ ist also introvertiert, sensorisch, denkend und urteilend, Typ ENFP hingegen extravertiert, iNtuitiv, fühlend und wahrnehmend.
>
> Sobald Sie die lange Reihe von Fragen beantwortet haben, erfolgt eine eindeutige Zuordnung zu einem der Typen.

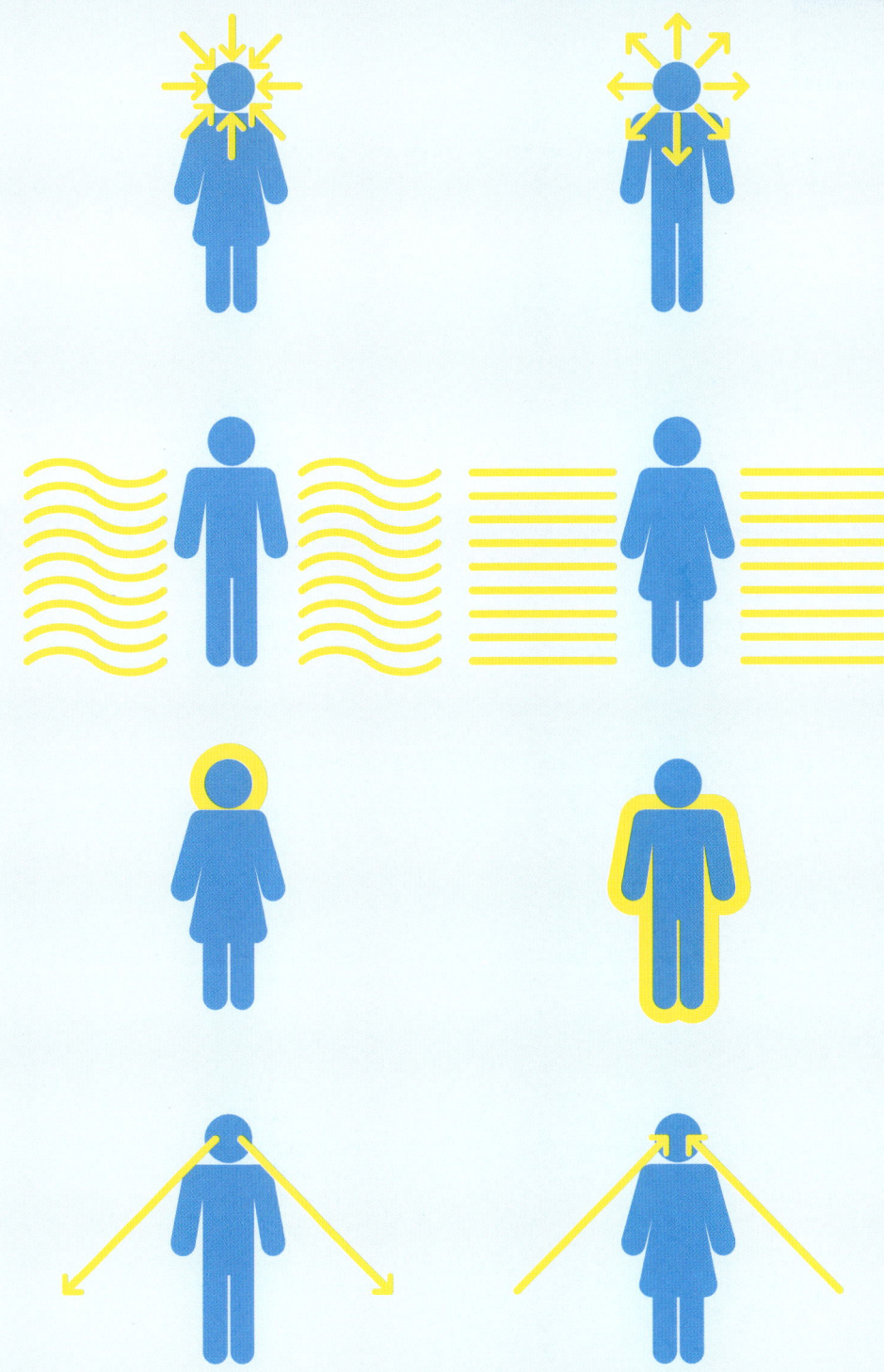

VERHALTENSTYPEN

Persönlichkeitstests enthalten Fragen oder Aussagen, die man mit „ja" oder „nein" beantworten muss. Beim Big-Five-Test geht es vor allem darum, sich selbst zu beschreiben und dann diese Beschreibung in eine ausgefeilte Form zu bringen. Diese scheinbar einfache Methode ist überraschend nützlich.

Nehmen wir an, laut MBTI-Test sind Sie Typ ESFP (extrovertiert, sensorisch, fühlend, wahrnehmend) bzw. Typ 7 (Epikureer) gemäß Enneagramm und müssen mit einem Kollegen eine Sache klären. Von Ihrem Standpunkt aus sind Sie eine freundliche Person, die Dinge gerne mit anderen bespricht, und Sie halten es in diesem Fall für das beste, spontan und direkt vorzugehen. Gut gelaunt schauen Sie bei Ihrem Kollegen vorbei, und da er nichts Besonderes zu tun scheint, beginnen Sie, die Sache zu besprechen.

Zu Ihrer Verwunderung scheint der Kollege sich nicht über Ihren Besuch zu freuen und spricht scheinbar widerstrebend mit Ihnen. Sie belassen es dabei, aber kaum sind Sie wieder an Ihrem Schreibtisch, finden Sie eine E-Mail von ihm: Er schlägt für den folgenden Tag ein Meeting vor, um die Sache zu besprechen. Da Sie ja gerade mit ihm geredet haben, frustriert Sie das. Aus Ihrer Sicht war er unfreundlich und unkooperativ.

Jetzt versetzen Sie sich in Ihren Kollegen hinein, ein MBTI-Typ INTJ bzw. Enneagramm-Typ 5 (Beobachter), und wir betrachten die Situation erneut. Sie sind gerade in ein Arbeitsthema vertieft, als ein Kollege vorbeischaut und Ihren Gedankengang unterbricht. Er redet über die Sache, präsentiert seine Sichtweise und stellt Ihnen frei, Ihre Meinung darzulegen, was Sie nicht tun, da Sie die Sache noch nicht ganz durchdacht haben. Er springt von einem Aspekt zum anderen, macht Witze, schweift ab und verwirrt Sie. Die Atmosphäre im Raum kühlt ab, und als er geht, fühlen Sie sich unsicher, Ihre Position in der Sache scheint Ihnen weniger klar als vorher. Da Sie aber bemerkt haben, dass der Kollege die Sache dringend klären will, beschließen Sie, gleich zu handeln: Sie schreiben ihm eine Mail und schlagen ein Meeting für den nächsten Tag vor – bis dahin arbeiten Sie die Sache noch einmal durch.

Diese Interaktionsarten kommen häufig vor, und auch wenn man kein Experte in Persönlichkeitstypologie sein muss, um zu wissen, dass Menschen Dinge unterschiedlich sehen, kann es helfen, verschiedene Typen zu erkennen.

Persönlichkeitstests können Ihnen helfen, Charakteristiken zu sehen, die Sie bei sich selbst (oder anderen) nur vage erkennen. Sie ermöglichen es, das Verhalten eines bestimmtes Typus zu verstehen und Verhaltensmuster leichter zu durchschauen. Isabel Briggs Myers sagte über ihren Test: „Wo Menschen sich unterscheiden, mindert das Wissen über Typisierung Spannungen. Außerdem zeigt es, wie wertvoll Unterschiede sind."

Das Typisieren von Menschen durch einen umfassenden Test hat nichts mit Stereotypen zu tun, also sich eine Meinung über jemanden zu bilden, weil eine seiner Eigenschaften in unserem Kopf mit einer anderen verknüpft ist.

Wie wir gesehen haben, treten bestimmte Charakteristiken häufig gemeinsam auf, aber Persönlichkeitstests sind so angelegt, dass solche Verbindungen nur dann festgestellt werden, wenn sie wirklich vorhanden sind. Die bloße Annahme, dass zwei Eigenschaften miteinander verbunden sind, birgt u. a. die Gefahr, dass Menschen das Stereotyp fälschlicherweise „erfüllen".

MENSCHEN EINE ZWEITEKEIT ODER MEHRERE GEORDNETE"

HABEN OFT
PERSÖNLICH-
SOGAR
„UNTER-
...

WIE PERSÖNLICH-KEIT ENTSTEHT

Haben Sie schon einmal erlebt, dass jemand, den Sie kennen, sich völlig untypisch verhält? Die sonst ruhige, einzelgängerische Kollegin, die auf einer Party total ausflippt? Oder dass jemand von einer Angewohnheit erzählt, von deren Existenz Sie nichts wussten?

Zwar besitzen die meisten Menschen stabile Persönlichkeitsmerkmale, aber es kommt häufig vor, dass sich eine oder mehrere Subpersönlichkeiten entwickeln, die in bestimmten Situationen auftauchen. Einige Personen zeigen ein Kaleidoskop an Verhaltensweisen, die sich mit ihren Rollen verändern und untereinander nicht in Verbindung zu stehen scheinen – gewissenhafte Arbeiterin, ungeduldige Mutter, einflussreiche Lobbyistin, besänftigende Gattin. Andere haben eine ausgeprägte Hauptpersönlichkeit, weisen aber eine Marotte auf, die zu ihrem normalen Selbst überhaupt nicht passt. Das kann eine merkwürdige Geste sein, ein anachronistischer Satz oder eine untypische Angewohnheit, z. B. wenn eine pingelige Person Schokokekse in den Tee tunkt und dabei furchtbar kleckert.

Die Anzahl der Subpersönlichkeiten kann stark variieren, aber Studien haben ergeben, dass die meisten Leute mindestens vier, manche sogar über zwanzig Subpersönlichkeiten besitzen, der Durchschnitt liegt bei sieben. Viele bemerkt man gar nicht. Unbewusst eignet man sich Fragmente von anderen an, vor allem in der Kindheit saugen die kleinen Gehirne Eigenarten von alle Seiten auf.

Vorstellungen, Glaubenssätze, Einstellungen und emotionale Reaktionen gesellen sich zu kleinen Gesten, Wortfetzen und kulturellen Tendenzen, einiges wird aussortiert, anderes bleibt. Die Mischung kann zu einem stimmigen Ganzen verwachsen oder überhaupt nicht zusammenpassen. Ein Glaube an das Übernatürliche, den ein Kleinkind von seinem abergläubischen Opa über-

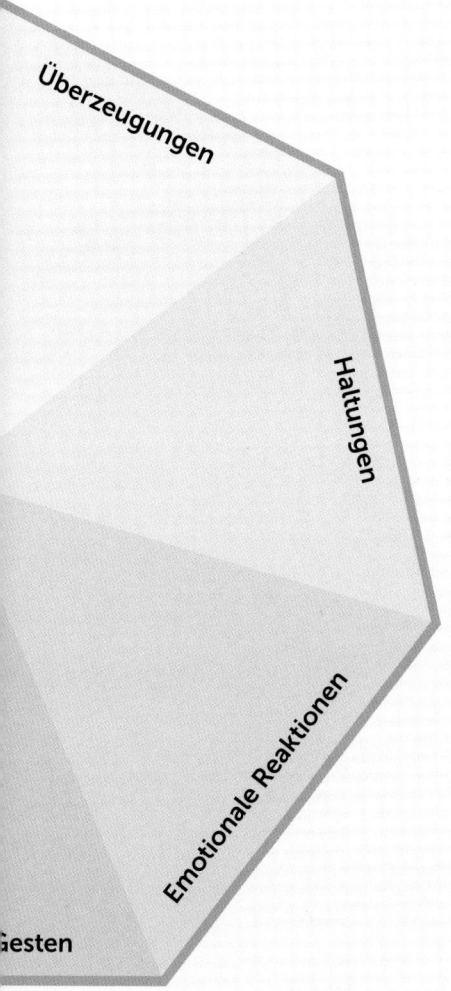

nimmt, steht im krassen Widerspruch zu der rationalen Art der Lieblingslehrerin, Dinge zu analysieren. Die beiden Haltungen landen in unterschiedlichen Abteilungen, jeweils als Teil einer anderen Persönlichkeit. Wenn das Kind erwachsen ist, wird das rationale Analysieren vielleicht Teil der Hauptpersönlichkeit, aber ein Besuch bei den Großeltern bringt prompt den Aberglauben wieder zum Vorschein.

In seltenen Fällen erleben Menschen schwere dissoziative Abspaltungen. Jede Persönlichkeit hat dabei eigene Erinnerungen und Erkenntnisse, ist sich der anderen aber nicht bewusst. In dem einen Zustand kauft die Person vielleicht eine komplette Garderobe, die sie in dem anderen Zustand nicht wiedererkennt.

Wechselnde Persönlichkeiten gehen mit zustandsabhängigen Erinnerungen einher: Unser Gehirn bevorzugt bestimmte Erinnerungen, wenn wir uns in einem ähnlichen Zustand befinden wie zum Zeitpunkt der Enkodierung.

Ein klassisches Experiment veranschaulicht dieses Phänomen. Freiwillige sollten sich eine Reihe von Wörtern merken. Die Hälfte bekam vor dem Test einen starken Drink. Am nächsten Tag tranken beide Gruppen Alkohol, bevor sie die gemerkten Wörter wiedergeben sollten. Die Gruppe, die sich die Wörter unter Alkoholeinfluss gemerkt hatte, schnitt mehr als doppelt so gut ab wie die andere.

Persönlichkeit ist, genauso wie Rausch, ein Geisteszustand. Autobiografisches Wissen (wer ich bin, wo ich wohne) ist Teil dieses Zustands und normalerweise sehr stabil, emotionale Reaktionen und Verhaltensweisen sind es weniger – Vorlieben und Abneigungen können sich mit den Begleitumständen ändern.

REFERENZRAHMEN

Fragen Sie sich manchmal, warum Ihre Freunde anders reagieren als Sie? Oder wünschen sich, Sie könnten, wie andere, trotz Ärger ruhig bleiben? Das Interessante an Persönlichkeiten ist, dass wir sie mit unterschiedlichen Verhaltensweisen assoziieren. Sobald wir unsere verschiedenen Persönlichkeiten anerkennen, können wir aus jedem dieser Zustände etwas lernen.

Wandlungsfähigkeit ist ein Zeichen von Flexibilität und zunehmend gefragt, um mit den kulturellen Verschiebungen unserer komplizierten, sich rasant verändernden Welt zurechtzukommen.

Ein multidimensionaler Charakter kann sogar vor Krankheit schützen. Die Psychologin Patricia Linville von der Duke University in North Carolina leitete ein Forschungsprojekt, das ergab: Je größer die Zahl an „Selbstaspekten", mit denen sich eine Person identifiziert, desto besser kann sie mit Belastungen wie Stress umgehen.

Linville bat hundert College-Studenten, aus Eigenschaften wie *aufgeschlossen, faul* oder *liebevoll* jene auszuwählen, die auf sie zutrafen. Sie fand heraus: Je mehr dieser Eigenschaften die Studenten auswählten und vor allem je unterschiedlicher diese waren, desto weniger anfällig waren sie unter Stresseinwirkung für Rücken- oder Kopfschmerzen, Infektionen und Menstruationsbeschwerden. Auch zeigten sie seltener Depressionssymptome.

Linville führte dies darauf zurück, dass einer Person, die sich ihrer Multiplizität bewusst ist, Stress weniger anhaben kann, weil er nur eine oder wenige ihrer Persönlichkeiten beeinträchtigt: „Ein Tennisspieler, der ein wichtiges Match verloren hat, ist vermutlich niedergeschlagen, und dieses negative Gefühl wird wahrscheinlich mit dem Tennisspieler-Selbstaspekt dieser Person assoziiert. Aber es wird nicht auf die anderen Selbstaspekte abfärben, sofern diese zahlreich sind und sich deutlich voneinander unterscheiden. Sie wirken wie ein Puffer."

Die verschiedenen Selbstaspekte in sich und anderen kann man untersuchen, wenn man innerhalb eines „Referenzrahmens" denkt: Sie versetzen sich gedanklich in eine bestimmte Rolle oder Situation und beantworten Fragen ausschließlich aus dieser Perspektive. Legen Sie z. B. den Test bei einem Auswahlverfahrens für einen Job ab, sollten Sie die Fragen so beantworten, als befänden Sie sich in der Arbeitsumgebung. Die Frage „Reagieren Sie gereizt, wenn jemand zu einer Verabredung zu spät kommt?" könnte man umformulieren zu „Würden Sie einen Verweis aussprechen, wenn ein Angestellter unentschuldigt zu spät zum Meeting kommt?"

Die eigenen Subpersönlichkeiten anzunehmen und sie zu erkennen, wenn man sie bei anderen vorfindet, entmystifiziert die ansonsten verwirrende Komplexität des menschlichen Verhaltens und liefert Strategien zur Bewältigung von schwierigen Situationen. Ein Referenzrahmen kann aufzeigen, wie man reagieren sollte.

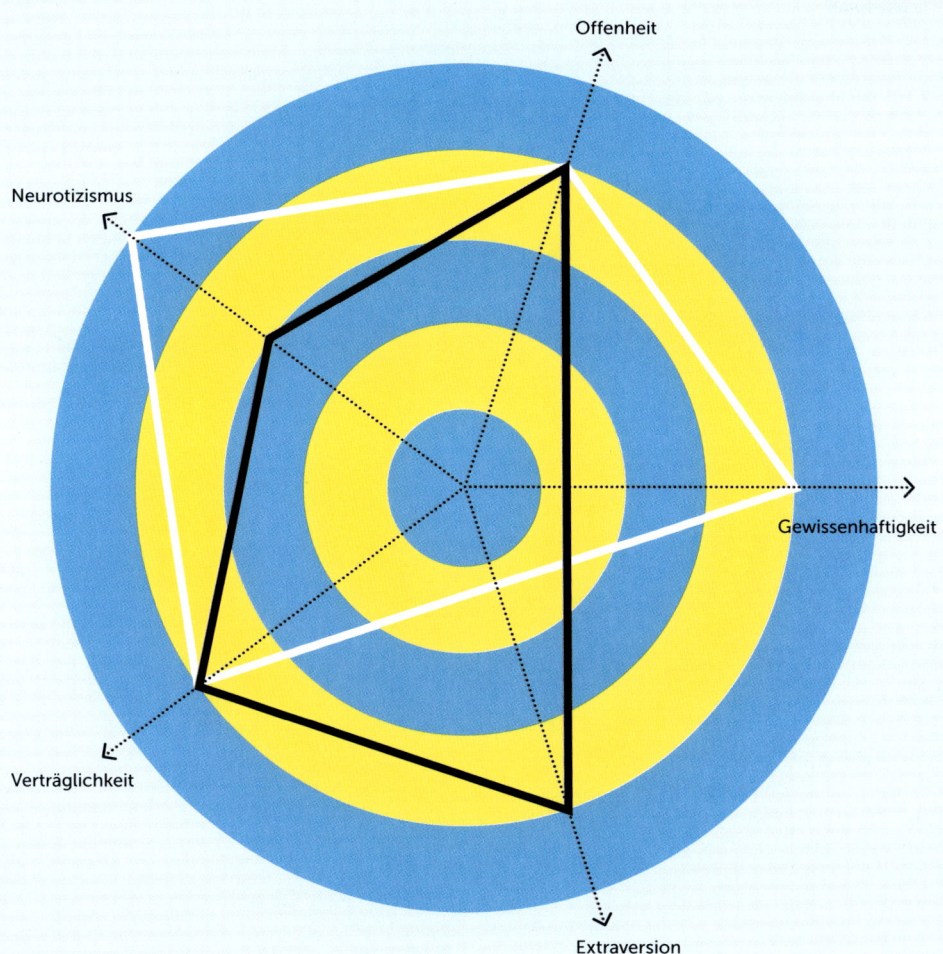

Wenn man beim schnellen Persönlichkeitstest in Lektion 9 verschiedene Referenzrahmen verwendet, ergibt sich vielleicht jedes Mal eine andere Persönlichkeit. Hier zeigt die schwarze Linie die Umrisse der Hauptpersönlichkeit an, wenn die Testperson sich in ihrem vorherrschenden Zustand befindet. Die weiße Linie zeigt die Persönlichkeit, die zum Tragen kommt, wenn der Test mit dem Referenzrahmen „stressige Arbeitssituation" durchgeführt wird: weniger Extraversion, mehr Neurotizismus und mehr Gewissenhaftigkeit.

GEDANKENLESEN

Die vielleicht prägendste Eigenschaft des Menschen ist sein Bedürfnis nach anderen Menschen. Das hat praktische Gründe: Die meisten Gesellschaften sind so organisiert, dass wir einander zum Überleben brauchen, sowohl im Einzelnen als auch in sozialen Strukturen wie dem Handel.

Unser Bedürfnis nach Interaktion mit anderen geht jedoch über praktische Aspekte hinaus. Nur wenige ertragen völlige Einsamkeit über einen langen Zeitraum, selbst wenn für die körperlichen Bedürfnisse gesorgt ist. Isolationshaft ist eine der schlimmsten Strafen, die einer Person auferlegt werden kann. Untersuchungen zeigten, dass Gefangene in Einzelhaft sich rasch zurückzogen, überempfindlich auf optische und akustische Reize reagierten, paranoid wurden, häufiger Gewalt anwendeten und halluzinierten.

Die Analyse von Persönlichkeitsmerkmalen und -typen zeigt individuelle Unterschiede auf und ist damit z. B. für die Berufswahl nützlich, aber wir brauchen einen direkteren Zugang zu dem, was im Kopf einer anderen Person vorgeht. Natürlich können wir das nie ganz genau wissen, aber wir besitzen eine instinktive Fähigkeit, die in der Psychologie als Theory of Mind (ToM) bezeichnet wird. Diese „Theorie des Geistes" beschreibt die intuitive Erkenntnis, dass andere ein eigenes Bewusstsein – Ideen, Gefühle, Absichten, Meinungen – besitzen, das sich von unserem eigenen unterscheidet.

Bei den meisten Kindern entwickelt sich die ToM in den ersten drei bis vier Lebensjahren, einhergehend mit dem Heranreifen bestimmter Gehirnareale, die dem Kind vermitteln, dass es ein Individuum ist. Es begreift erst dann, dass seine Gedanken und Gefühle Teil seiner eigenen subjektiven Welt sind und nicht Teil der Außenwelt.

Sobald Kinder ihr eigenes Bewusstsein vom Rest der Welt trennen können, beginnen sie auch zu verstehen, dass die Gefühle, Emotionen und Ansichten anderer Menschen sich von ihren eigenen unterscheiden. Wir nehmen es als selbstverständlich hin, aber die für die ToM erforderliche Konzeptualisierung ist komplex: Zuerst muss man erkennen, dass man getrennt von seinen Gedanken und Wahrnehmungen existiert. Man muss in der Lage sein, sich an das „ich" zu erinnern, das man gestern war, mit anderen Gedanken und Gefühlen, und sich das „ich" vorstellen können, das man morgen sein wird. Man lernt, sich als ein Objekt in der Welt zu begreifen, über das man nachdenken kann, als würde man es von außen betrachten.

Sobald wir diese große gedankliche Hürde überwunden haben, erkennen wir, dass andere Objekte in der Welt – jene, die uns sehr ähneln – ebenfalls eigene Erlebniswelten in ihren Köpfen tragen, genauso wir wir. Das ist die Theory of Mind.

Die Entwicklung dieser Fähigkeit geht mit der Erkenntnis einher, dass man von anderen beobachtet wird. Wir lernen, uns aufzuspalten in ein privates Selbst (das nur wir kennen) und ein öffentliches Selbst (das auf Grundlage seines Verhaltens beurteilt wird, aber dessen Inneres verborgen bleibt). Damit verbunden ist eine weitere Erkenntnis: Wir können andere täuschen! Das Gegenüber kennt unsere Gedanken nicht.

PERSPEKTIVWECHSEL

Zippo war Elizabeths imaginärer Freund. Er tauchte auf, als sie drei Jahre alt war, und etwa sechs Monate lang war er an jedem Missgeschick im Hause schuld: Zippo stieß die Vase vom Tisch, zog die Katze am Schwanz und naschte von den Cornflakes, die später unter dem Tisch herumlagen. Elizabeths Mutter störte sich weniger an Zippos Streichen als vielmehr an Elizabeths neuentdeckter Fähigkeit zu flunkern.

Um ihren dritten Geburtstag herum fangen Kinder an, (leicht durchschaubare) Lügengeschichten zu erzählen. Eltern sind davon meist nicht begeistert, können sich aber damit trösten, dass ihr Kind nun die überlebenswichtige Fähigkeit entwickelt, die Gedanken anderer zu „lesen".

Die ToM ist eng mit einer anderen faszinierenden Gehirnfunktion verbunden – der Tätigkeit der Spiegelneuronen. Neuronen erzeugen elektrische Ströme, die unsere Erfahrungen und Handlungen bedingen. Wenn eine bestimmte Neuronengruppe feuert, fühlen wir z. B. Schmerz im rechten Bein. Eine andere Gruppe sorgt dafür, dass wir rot sehen, eine weitere generiert den Gedanken an einen Apfel, wieder andere die Erinnerung an einen alten Freund usw.

Spiegelneuronen sind insofern besonders, als sie nicht nur dann feuern, wenn wir selbst eine bestimmte Erfahrung machen, sondern auch dann, wenn wir sehen, dass eine andere Person diese Erfahrung macht. Bildgebende Verfahren haben gezeigt, dass bei jemandem, der einen von Schmerzen geplagten Menschen anschaut, dieselben Neuronen aktiviert werden, die bei ihm selbst Schmerz auslösen.

Die Kombination aus ToM und Spiegelneuronen ist entscheidend, um die Kluft zwischen den Gehirnen zu überwinden. Sie verleihen keinen telepathischen Zugang zum Geist eines anderen, aber die Wirkung ist ähnlich. Um das intuitive System zu verbessern, müssen wir dies zunächst anerkennen.

Der zweite Schritt besteht darin, das Hineinversetzen in eine andere Person zu üben und herauszufinden, wie es sich anfühlt. Wir kennen das von professionellen Schauspielern, sollten diese Fähigkeit aber auch bei uns selbst entwickeln, denn sie verhilft uns nicht nur zu mehr Empathie, sondern versetzt uns in die Lage, zu verstehen, was in den Köpfen anderer Leute vorgeht. Forscher gaben Kindern und Jugendlichen ein Jahr lang entweder Schauspielunterricht oder Kunst- bzw. Musikkurse. Die Schauspielgruppe zeigte signifikant bessere Empathie- und ToM-Werte als die anderen Gruppen.

Eine weitere Möglichkeit zur Verbesserung dieser Art des „Gedankenlesens" ist das Einüben von synchronem Verhalten, z. B. das gemeinsame Singen oder Tanzen.

01 Kind
02 Puppe

Mit folgendem Experiment ermittelt man den Entwicklungsstand der ToM bei einem Kind: Man zeigt ihm ein hügeliges Landschaftsmodell mit Haus und platziert eine Puppe so, dass diese von ihrer Position aus das Haus nicht „sehen" kann. Dann stellt sich das Kind an eine Stelle, von der aus es das Haus gut sehen kann. Nun fragt man das Kind, ob die Puppe (wäre sie ein Mensch!) das Haus ebenfalls sehen kann. Kinder mit entwickelter ToM verstehen, dass die Puppe einen anderen Blickwinkel hat als sie selbst und von dort das Haus nicht sehen kann. Ohne ToM gehen sie davon aus, dass die Puppe alles sehen kann, was sie selbst sehen.

TOOLKIT

09

Jeder Mensch ist ein Unikat, aber es gibt nur fünf grundlegende Dimensionen der Persönlichkeit: Offenheit für Erfahrungen, Gewissenhaftigkeit, Extraversion, Verträglichkeit und Neurotizismus. Dieses Fünf-Faktoren-Modell („Big Five") deckt alle Persönlichkeitstypen ab, und mit den darauf basierenden Tests kann man per Merkmalsanalyse die „Gestalt" der Persönlichkeit eines Menschen bestimmen.

10

Eine andere Möglichkeit, ein Individuum zu beschreiben, bietet die „Typisierung". Dabei werden Menschen in eine von vielen Kategorien eingeordnet. Die Typenanalyse wird von der Wissenschaft weniger streng validiert als die Persönlichkeitsanalyse, ist aber in der freien Wirtschaft eine weitverbreitete Methode bei der Auswahl von neuen Mitarbeitern.

11

Die wenigsten Menschen verfügen über eine einzige, immer gleichbleibende Persönlichkeit. Stattdessen tendieren wir dazu, je nach Kontext von einer Persönlichkeit zur nächsten zu springen. Das Erkennen dieser Persönlichkeitsverschiebungen und das Kultivieren von Wandlungsfähigkeit hilft, sich an verschiedene Situationen anzupassen.

12

Theory of Mind (ToM) bezeichnet die instinktive Erkenntnis, dass andere Menschen ein eigenständiges, von uns getrenntes Bewusstsein haben und dass ihre Gefühle und Gedanken sich von unseren eigenen unterscheiden. ToM begünstigt Mitgefühl, Empathie und das Lernen durch Nachahmung. Diese natürliche Fähigkeit wird in der Kindheit erlernt, und ihr Verständnis ist für Eltern von elementarer Bedeutung.

ZUR VERTIEFUNG

LESEN

Persönlichkeit. Warum du bist, wie du bist
Daniel Nettle
(Anaconda, 2012)

**Gifts Differing.
Understanding Personality Type**
Isabel Briggs Myers und Peter B. Myers
(Davies-Black, 2010)

**The People You Are.
The New Science of Personality**
Rita Carter
(Little,Brown, 2014)

**Mindblindness.
An Essay on Autism and Theory of Mind**
Simon Baron-Cohen
(MIT Press, 1997)

Autismus. Eine sehr kurze Einführung
Uta Frith
(Huber, 2013)

ANSCHAUEN

Theory of Mind
Uta Frith

**Who Are You, Really?
The Puzzle of Personality**
Brian Little
TED-Talk

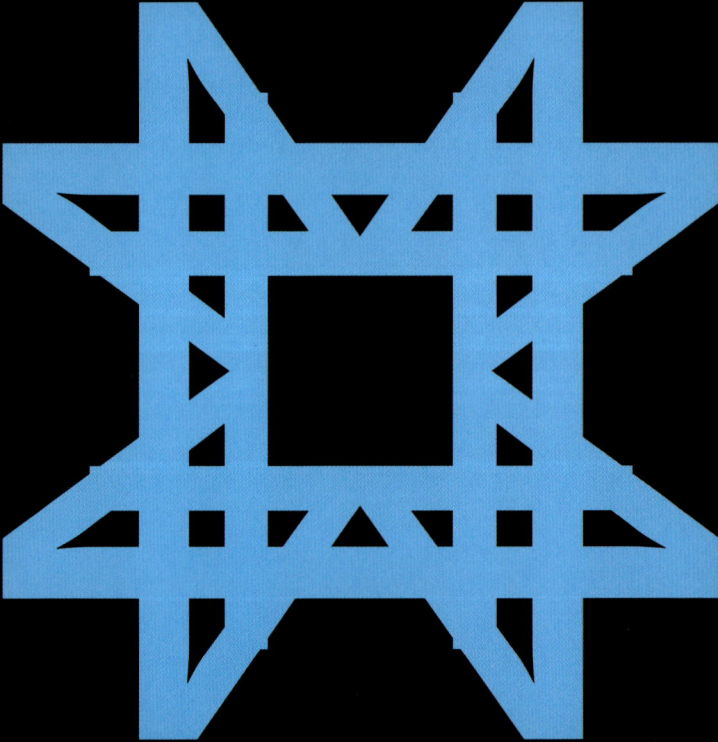

KOMMUNIKATION UND BEEINFLUSSUNG

LEKTIONEN

13 GESPRÄCHSFLUSS
Die Zwischentöne sozialer Interaktionen.

14 INSTINKT VS. BEEINFLUSSUNG
Wie Sie andere davon überzeugen, zu wollen, was Sie wollen.

15 SELBSTVERTRAUEN
Die Vor- und Nachteile eines selbstsicheren Auftretens.

16 MACHER UND NACHZÜGLER
Wer setzt eigentlich neue Trends?

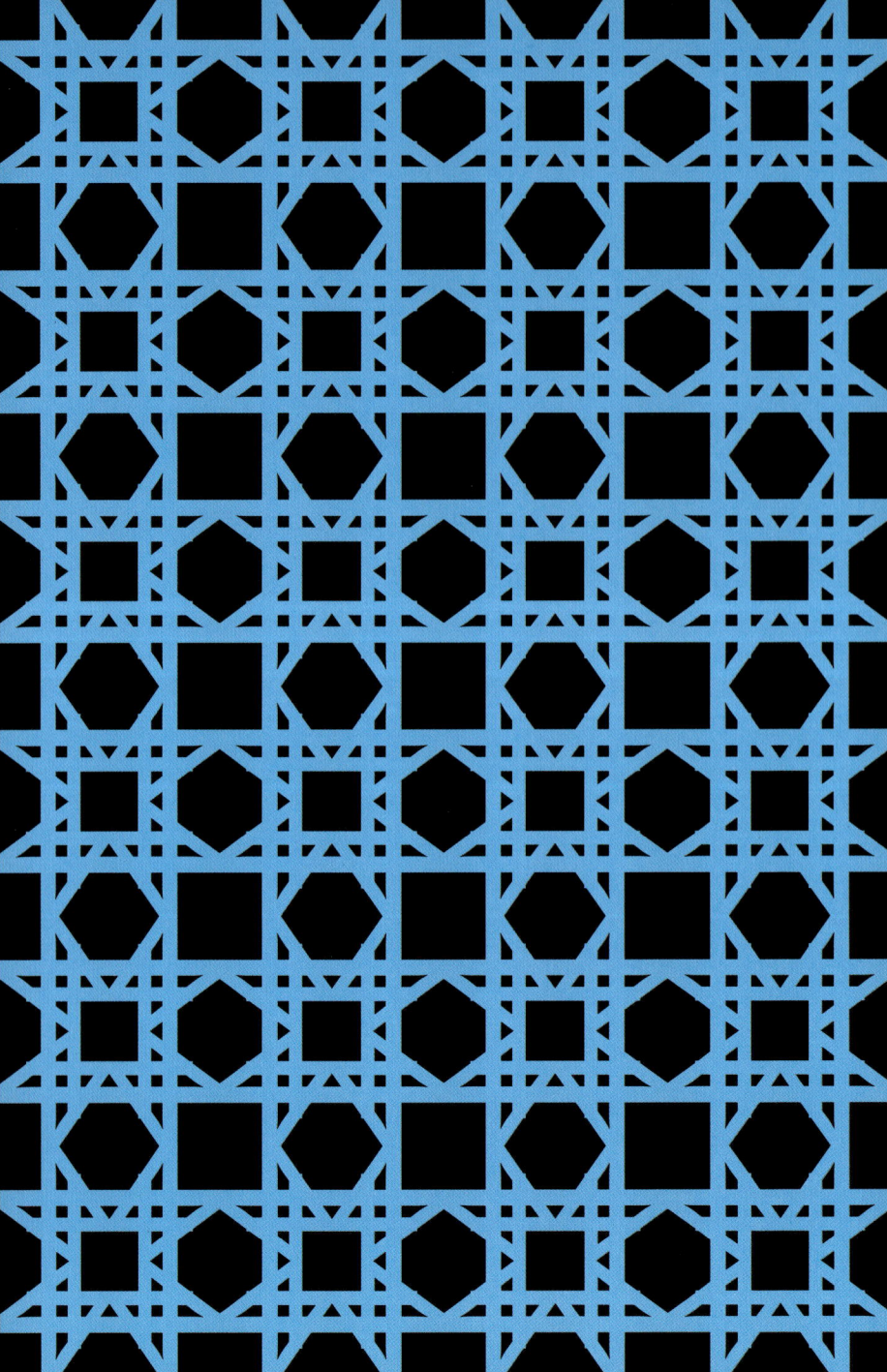

Menschen sind in hohem Maße auf soziale Interaktion angewiesen. Das haben sie mit vielen anderen Spezies gemein, aber im Gegensatz zu ihnen besitzt der Mensch spezielle wirkungsvolle Instrumente, mit denen er kommunizieren und das Verhalten der anderen beeinflussen kann.

Das hervorstechendste dieser Instrumente ist die Sprache. Sie ist nicht nur eine „verbesserte" Version der Geräusche und Gesten, wie sie auch von Tieren produziert werden. Jede der ca. 7000 Varietäten gesprochener Sprache ist ein strukturiertes System mit Regeln, Konventionen und Wortschatz. Die Fähigkeit, diese Systeme zu erlernen und zu gebrauchen, scheint im menschlichen Gehirn angelegt zu sein.

Indem Leute miteinander sprechen, gelingt es ihnen auf sehr schnelle, deutliche und detaillierte Weise, einander kennenzulernen und eine Beziehung herzustellen. Überall dort, wo Menschen miteinander verbunden sind, ob durch persönliche Zuneigung, familiäre Bande oder weil sie der gleichen Belegschaft angehören, hilft ihnen gesprochene Sprache, einander zu verstehen und gemeinsame Ziele zu verfolgen. Allerdings hat das Sprechen seine Tücken – Kommunikation kann erfolgreich sein oder scheitern, und ein schlechtes Gespräch kann das gegenseitige Verständnis ruinieren statt verbessern.

Zwar kommt gesprochener Sprache in unseren Beziehungen eine große Bedeutung zu, aber auch die physischen Signale und Verhaltensweisen einer Person dienen als Kommunikationsmittel, die Art, wie jemand sich bewegt, gestikuliert und sich darstellt. Dies geschieht oft unbewusst, aber wir können lernen, diese Zeichen zu lesen, zu entschlüsseln und einzusetzen.

GESPRÄCHSFLUSS

1965, als die Beatles sich auf ihrem Höhepunkt befanden, organisierten sie ein Treffen mit ihrem Idol Elvis Presley. Das Gespräch kam nicht in Gang, und Elvis sagte: „Wenn ihr einfach nur herumsitzt und mich anstarrt, gehe ich ins Bett." Eine kurze Jamsession rettete die Situation, doch später machte John Lennon seiner Enttäuschung Luft: „Es war wie ein Treffen mit Engelbert Humperdinck."

Wahrscheinlich ist Ihnen etwas Ähnliches – ohne Superstar-Anteil – auch schon passiert. Vielleicht haben Sie selbst schon einmal Freunde eingeladen mit der Erwartung, dass alle sich blendend verstehen würden, und es wurde ein furchtbar lahmer Abend. Dass man die einzelnen Persönlichkeiten kennt, bedeutet nicht, vorhersagen zu können, was geschieht, wenn sie aufeinandertreffen – Interaktion funktioniert nach anderen Regeln.

Bekanntschaften, die nicht harmonieren, können einfach ihrer Wege gehen, aber wenn Partner, Arbeitskollegen oder Freunde eine vergiftete Form der Interaktion pflegen, kann das ihr Leben zerstören. Entweder die Beziehung zerbricht und man trennt sich, oder man steckt weiterhin in einer dysfunktionalen Beziehung fest. Manchmal liegt es an gegensätzlichen Persönlichkeiten, Zielen oder Werten, manchmal an Fehlkommunikation und kann durch Analyse und Korrektur der Kommunikationsmuster gelöst werden.

Dies war die Erkenntnis des Psychologen Eric Berne, dessen Transaktionsanalyse (TA) eine der einflussreichsten Theorien der sozialen Interaktion darstellt. Sie basiert auf dem Prinzip, dass der Ich-Zustand des Erwachsenen immer auch einen Teil Eltern-Ich und einen Teil Kindheits-Ich enthält.

01. Das **Erwachsenen-Ich** kümmert sich um die Wirklichkeit des Hier und Jetzt (einziger Ich-Zustand ohne Verbindung zur Vergangenheit).

02. Das **Eltern-Ich** denkt, fühlt und verhält sich, wie die Person es von den Eltern aus der eigenen Kindheit übernommen hat; kann kritisch oder fürsorglich sein.

01. Eine **komplementäre Transaktion** liegt vor, wenn Person A etwas aus einem Ich-Zustand heraus sagt, das den komplementären Ich-Zustand von Person B anspricht. Wenn Person A sagt, „Du siehst müde aus, du solltest schlafen gehen", kommt die Aussage vom Eltern-Ich und spricht das Kindheits-Ich in Person B an. Oder wenn jemand sagt, „Aua, ich habe mich geschnitten" (Kindheits-Ich), wäre die komplementäre Reaktion: „Komm, ich klebe ein Pflaster drauf" (Eltern-Ich). Komplementäre Transaktionen sind Erwachsener-Erwachsener und Eltern-Kind und umgekehrt.

03. Das **Kindheits-Ich** aktiviert Gedanken, Gefühle und Verhaltensweisen, welche die Person in der Kindheit erlebt hat; kann frei oder angepasst sein.

Alle drei Ich-Zustände sind so, wie sie sind, in Ordnung und können problemlos mit anderen interagieren, vorausgesetzt, das Gegenüber reagiert komplementär. Wenn das Erwachsenen-Ich der einen Person mit dem Erwachsenen-Ich einer anderen Person kommunizieren will, aber eine Reaktion vom Eltern-Ich bekommt, oder ein Kindheits-Ich das Eltern-Ich anspricht, aber das Erwachsenen-Ich antwortet, kann soziale Interaktion schnell schiefgehen.

Berne unterschied zwei Arten der sozialen Transaktion (ein einzelner Kommunikationsakt zwischen zwei Individuen):

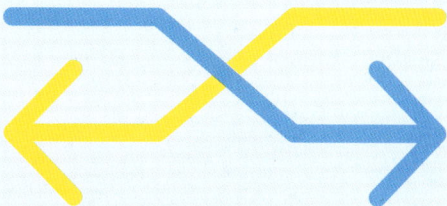

02. Gekreuzte Transaktionen treten auf, wenn eine Person etwas im Kindheits- oder Eltern-Ich sagt und das Erwachsenen-Ich antwortet. Oder das Erwachsenen-Ich spricht und erhält eine Antwort vom Eltern- oder Kindheits-Ich. Person A sagt z. B.: „Ich bringe dir zum Abendessen etwas mit, das du gerne magst" (Eltern), und B entgegnet „Danke, aber ich kümmere mich selbst darum" (Erwachsener). Wenn Transaktionen sich kreuzen, stockt die Unterhaltung. Manche Leute tun dies absichtlich, um die Kommunikation mit jemandem zu beenden oder weil sie verärgert sind.

 Eltern-Ich  Erwachsenen-Ich 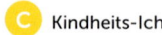 Kindheits-Ich

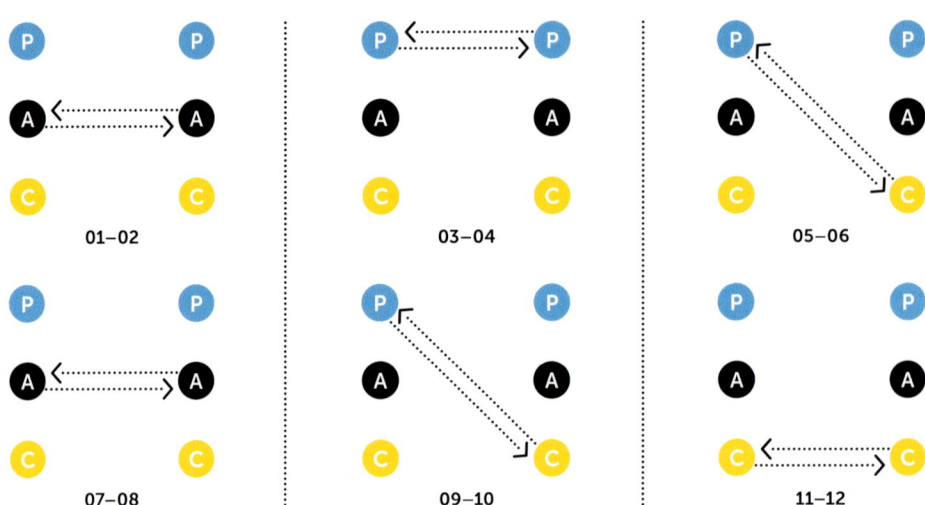

ICH-ZUSTÄNDE ERKENNEN

Hört man aufmerksam zu, wenn zwei Leute sich unterhalten, kann man bald heraushören, wann welcher Ich-Zustand spricht. Nehmen wir als Beispiel dieses 12-zeilige Gespräch zwischen Chef (C) und Mitarbeiter (M):

01C Wann fängt das Meeting an?
02M Jetzt, aber die Leute von der Rechtsabteilung sind noch nicht da.
03C Typisch!
04M Ja, die denken, sie können sich alles erlauben.
05C Ich habe hier Ihren Bericht. Er ist gut, aber die Grammatik ist furchtbar!
06M Oh, tut mir leid! Ich werde künftig stärker darauf achten.
07C Ah! Da sind ja die Leute von der Rechtsabteilung.
08M Gut.
09C Kommen Sie, setzen Sie sich neben mich, dann müssen Sie nicht schreien.
10M Danke!
11C Oh! Sehen Sie nur, da gibt es wohl gute Neuigkeiten, sie haben Sekt dabei!
12M Super!

In diesem kurzen Gespräch wechseln beide Sprecher mühelos zwischen den verschiedenen Ich-Zuständen:

01 C spricht als Erwachsener
02 M antwortet als Erwachsener
03 Kritisches Eltern-Ich
04 Kritisches Eltern-Ich
05 Kritisches Eltern-Ich
06 Angepasstes Kindheits-Ich
07 Erwachsenen-Ich
08 Erwachsenen-Ich
09 Fürsorgliches Eltern-Ich
10 Angepasstes Kindheits-Ich
11 Freies Kindheits-Ich
12 Freies Kindheits-Ich

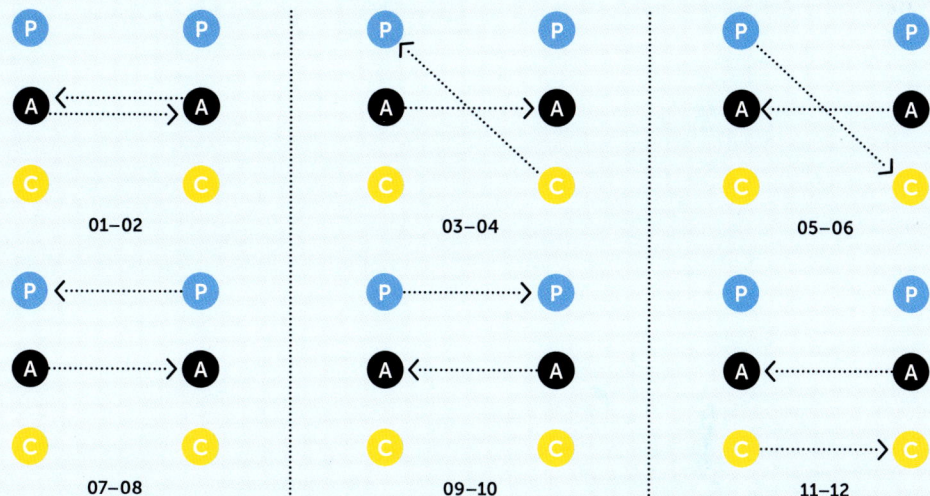

Die Unterhaltung verlief reibungslos, weil trotz wechselnder Ich-Zustände keine der Transaktionen über Kreuz lief.
Allerdings muss man nur ein paar Kleinigkeiten verändern, um ein anderes Ergebnis zu erzielen, z. B. folgendermaßen:

01C	Wann fängt das Meeting an? (Erwachsenen-Ich)
02M	Jetzt, aber die Leute von der Rechtsabteilung sind noch nicht da. (Erw.)
03C	Naja, die hatten viel zu tun. (Erw.)
04M	Die sind schuld, wenn ich zu spät zum nächsten Meeting komme. (Kind)
05C	Ich habe hier Ihren Bericht. Er ist gut, aber die Grammatik ist furchtbar! (Kritisches Eltern-Ich)
06M	Ist das wichtig? Ich hatte nur wenig Zeit. (Erwachsenen-Ich)
07C	Da kommen die Leute von der Rechtsabteilung. (Erwachsenen-Ich)
08M	Wurde auch Zeit! (Kritisches Eltern-Ich)
09C	Möchten Sie aufrücken, damit Sie nicht so schreien müssen? (Fürsorgliches Eltern-Ich)
10M	Ich bleibe hier, wenn es Ihnen nichts ausmacht. (Erwachsenen-Ich)
11C	Sieh mal einer an, sie bringen Sekt mit! (Freies Kind)
12M	Reichlich früh für Alkohol! (Erw.)

Die Analyse dieser Unterhaltung zeigt überall gekreuzte Transaktionen. Das Gespräch ist nicht feindselig, bringt die Gesprächspartner aber auch nicht näher zusammen.

Natürlich können Sie nicht jeden kleinen Austausch so analysieren, aber wenn Sie lernen, die verschiedenen Ich-Zustände bei sich selbst zu erkennen, können Sie sie auch bald bei anderen Personen unterscheiden. Wenn Sie komplementäres Antworten regelmäßig trainieren, wird es nach und nach zur zweiten Natur.

INSTINKT VS. BEEINFLUSSUNG

Siebzig Jahre nachdem Dale Carnegies „Wie man Freunde gewinnt" erstmals erschien, zählt es nach wie vor zu den Bestsellern unter den Lebenshilfebüchern. Carnegies Rat unterscheidet sich praktisch nicht von den Millionen von Büchern und Webseiten, die Hilfe zur Selbsthilfe anbieten.

Vielleicht liegt es daran, dass sich an der Kunst der Überzeugung nichts geändert hat und Carnegie zufällig der erste war, der diese Gedanken aufgeschrieben hat. Es kann aber auch sein, dass Carnegies Buch und all seine Nachfolger uns dahingehend beeinflusst haben, dass wir glauben, dass dies die richtige Strategie im Umgang mit unseren Mitmenschen sei: Freunde dich mit ihnen an, dann bring sie dazu zu tun, was du willst.

Es fühlt sich ein wenig unangenehm an, Freundschaft und Einflussnahme zu verknüpfen, aber es funktioniert zweifellos. Wenn Sie eine andere Person dazu bringen, sich mit Ihnen zu identifizieren – ein Zustand, den Freundschaft impliziert –, ist es relativ leicht, darauf hinzuwirken, dass sie ihre Überzeugungen an Ihre annähert. Wem das Freundschaftsding zu viel ist, kann die andere Person auch überzeugen, sich mit jemandem zu identifizieren, den sie bewundert, einem Promi beispielsweise.

Doch Identifikation ist nicht die einzige Möglichkeit der Einflussnahme, wahrscheinlich noch nicht einmal die häufigste.

Menschen durch Beeinflussung statt durch Gewalt zu lenken, widerspricht vielen unserer Instinkte. Diese indirekte, gedanklich komplexe Strategie, um unsere Ziele zu erreichen, hat sich vermutlich erst entwickelt, als rohe Gewalt und starre gesellschaftliche Hierarchien durch eher horizontal organisierte Gruppen abgelöst wurden. Das intuitive Verlangen, zu herrschen und/oder zu gehorchen (meist beides), steckt nach wie vor in uns und ist in vielen Bereichen wirksam: Politik, Familien mit autoritärem Oberhaupt, Kinder auf dem Spielplatz und zahllose Arbeitsumgebungen mit dominanten Chefs.

Im Vergleich dazu ist die sanfte Variante der Überzeugung auf jeden Fall vorzuziehen, trotz ihrer gefährlichen Nähe zur psychologischen Manipulation – einer Art sozialer Beeinflussung mit dem Ziel, das Verhalten oder die Wahrnehmung von anderen durch Täuschung zu verändern. Die Übergänge sind fließend: Sind die freundschaftliche Einladung des Verkäufers, seine Sorge um Ihre Gesundheit, die einfühlsamen Komplimente, das Einräumen kleiner Fehler etc. manipulativ und böse oder Zeichen echter Verbundenheit? Ist das überhaupt wichtig? Meistens nicht. Freundschaft, selbst vorgetäuschte, ölt das heikle Geschäft der menschlichen Interaktion und verhilft allen zu einem besseren Gefühl. Aber es ist sinnvoll, den Unterschied zu kennen!

14 BUILD + BECOME

Reziprozität

ÜBERZEUGUNG

Wohltätigkeitsorganisationen legen ihren Spendenaufrufen regelmäßig kleine „Aufmerksamkeiten" wie Schlüsselanhänger bei. Auf den ersten Blick reine Verschwendung, aber es hat sich gezeigt, dass die Spendenbereitschaft steigt, wenn ein Geschenk im Brief war. Zwar sagen viele Leute, sie fühlten sich unbehaglich angesichts dieser ungefragten Geschenke, aber zumindest einige von ihnen scheinen sich dadurch verpflichtet zu fühlen, ebenfalls etwas zu schenken.

Diese Taktik bedient sich der tief in uns verankerten Reziprozitätsregel. Die meisten Babys drücken ihr durchweichtes Stück Zwieback oder welkes Blümchen jedem auf, der sie anlächelt, und wer den Austausch an Gefälligkeiten beginnt, profitiert am meisten.

Der Psychologe Robert Cialdini, ein Experte auf dem Feld der Überzeugungskunst, bezeichnet das Prinzip der Gegenseitigkeit als eines der wichtigsten Instrumente. Laut Cialdini öffnen sich Menschen Ihrem Einfluss eher, wenn sie Ihnen eine Gegenleistung für etwas schulden, das Sie in der Vergangenheit für sie getan haben. Dabei ist es wichtig, dass Sie Ihre Großzügigkeit betonen. Cialdini empfiehlt, den Dank für einen Gefallen nicht mit „Keine Ursache" abzutun, sondern ihn zu benennen und z. B. zu erwidern: „Kein Problem – das machen echte Partner nun mal!" Er nennt das „Vorarbeit". Wenn Sie später Unterstützung für etwas brauchen, wird man sich an Sie als den „Partner" erinnern, den Sie jetzt suchen.

Ein weiteres wertvolles Instrument zur Beeinflussung sind Commitments, d. h. Standpunkte oder Haltungen, zu denen wir uns bekennen. „Wollen Sie wirklich reich werden?", fragte in den 1960er-Jahren die Reklame für Bernie Cornfelds dubiose Fonds-

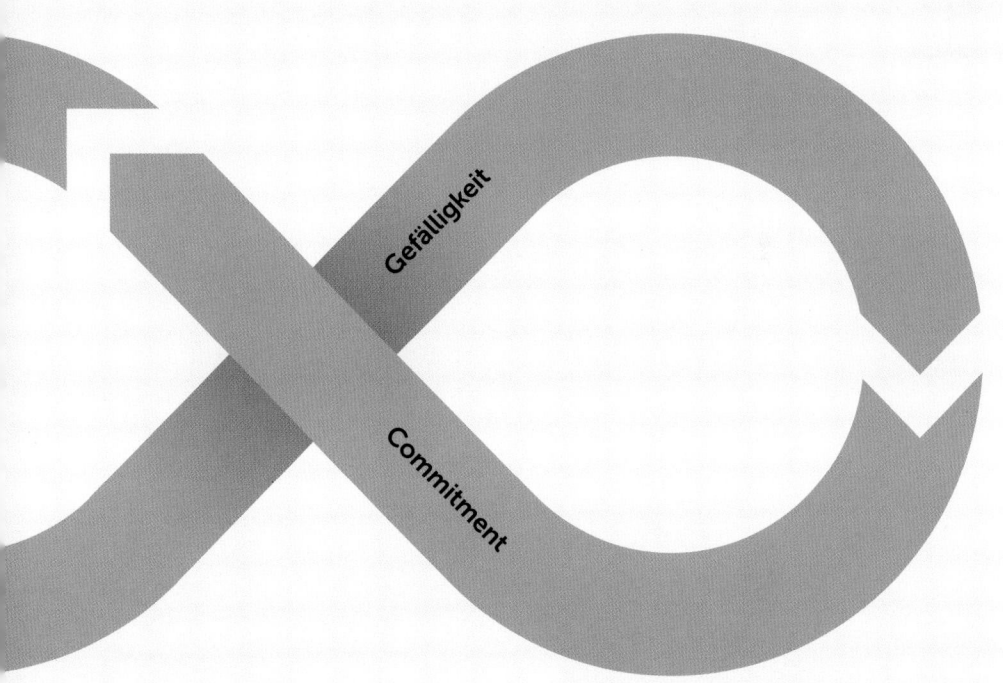

gesellschaft IOS. Wer könnte da „nein" sagen? Und wie irrational wäre es, „ja" zu sagen, aber dann dem Fondsverkäufer nicht zuhören zu wollen? Am besten funktioniert es, wenn die Person ihr Commitment selbst ausspricht. Wenn Sie sich in einem Restaurant beschweren wollen, sich aber die Unterstützung Ihrer Tischrunde wünschen, könnten Sie sagen: „Wir haben vor einer halben Stunde bestellt! Wenn wir nur irgendetwas tun könnten!" Häufig lautet die Antwort: „Wir könnten uns beschweren."

Jemanden dazu zu bewegen, sich öffentlich zu einer Sache zu bekennen, ist besonders wirkungsvoll. Der Wunsch, als konsistent und verlässlich wahrgenommen zu werden, macht die Leute sehr anfällig für jene, die das ausnutzen wollen. Telefonbetrügern gelang es 2015, Tausende von Menschen um ihr Bankguthaben zu erleichtern.

Eine plausibel klingende Person, die sich als Mitglied der Sicherheitsabteilung der Bank ausgab, wies die „Zielpersonen" an, ihr Geld auf ein „sicheres" Konto zu überweisen, da ihr aktuelles Konto von einem kriminellen Angestellten manipuliert werde. Man sagte ihnen, dies sei ein Akt beispielhaften Bürgerengagements, und sie (die Zielpersonen) seien aufgrund ihrer Aufrichtigkeit und Verlässlichkeit ausgewählt worden (ihr dickes Bankkonto wurde nicht erwähnt).

Diese Art des Trickbetrugs nutzt das Vertrauen der Geschädigten aus, deren Glaube an eine Person oder Institution. Natürlich sollten wir sehr genau prüfen, wem wir vertrauen können. Wenn es uns aber gelingt, Vertrauen zu verinnerlichen, also auf uns selbst zu vertrauen, kann das, wie wir in Lektion 15 sehen werden, beeindruckende Auswirkungen haben.

MENSCHEN
DEINEM EINFLUSS
SIE DIR EINE
SCHULDEN...

ÖFFNEN SICH
EHER, WENN
GEGENLEISTUNG

SELBSTVERTRAUEN

Wenn ich bei Google „mehr Selbstvertrauen" eingebe, habe ich 16,7 Millionen Treffer, bei „Kompetenzen ausbauen" sind es nur 5 Millionen. Warum sind wir so viel versessener darauf, unser Selbstvertrauen zu stärken als unsere Fähigkeiten zu verbessern?

Auf den ersten Blick scheint die Antwort offensichtlich: Gesundes Selbstvertrauen korreliert bekanntlich mit hohem Sozialstatus, Wohlstand und Erfolg allgemein. Selbstsichere Menschen fühlen sich „wohl mit sich selbst", sind ausgeglichen, charmant und strahlen ruhige Bestimmtheit aus, haben es nicht nötig anzugeben oder andere schlechtzumachen. Sie denken positiv, visualisieren Erfolg, sprengen Grenzen, erfreuen sich am Schönen, haben klare Ziele usw. Natürlich wären wir alle gerne so.

Doch all diese wünschenswerten Eigenschaften haben wenig mit Selbstvertrauen zu tun. In der Psychologie beschreibt das Selbstvertrauen, wie sicher sich ein Individuum seiner eigenen Fähigkeiten, Vorstellungen und Meinungen in Situationen ist, wo diese Dinge nicht genau vorhersagbar sind. Menschen, die sich für etwas Besseres halten, bekommen mehr Bewunderung, Aufmerksamkeit und Förderung als andere, unabhängig davon, ob sie auch nett und sympathisch sind.

Das ergäbe dann Sinn, wenn sich in den Überzeugungen dieser Leute tatsächlich ihre Fähigkeiten widerspiegeln würden. Es erscheint vernünftig, sich einem Gewinner anzuschließen, in der Hoffnung, er werde auch für uns gewinnen. Aber Studien haben ergeben: In einfachen Kompetenztests schneiden Leute um so schlechter ab, je stärker ihr Selbstvertrauen ist.

Diesen merkwürdigen Zusammenhang nennt man Dunning-Kruger-Effekt, nach den Psychologen David Dunning und Justin Kruger. 1999 entdeckten sie, dass bestimmte besonders schlechte Studierende sich für fähiger hielten als bessere Kommilitonen, selbst wenn Testergebnisse klar das Gegenteil bewiesen. (Als selbstbewusst bezeichnet man übrigens jemanden, der seine Fähigkeiten um mehr als 30 % überschätzt. Die Spezies Mensch ist prädisponiert dafür, ein unrealistisch hohes Selbstbewusstsein zu entwickeln.)

In einem Experiment spielten unterschiedlich selbstbewusste Personen ein Spiel, in dem es darum ging, sich in unbekanntem Gelände zurechtzufinden. Die Selbstbewussten entwickelten sich bald zu den Anführern der Gruppe, deren Ideen von den anderen meist angenommen wurden. Die Forscher dachten, dies läge daran, dass die Selbstbewussten ihre Ideen entschiedener vorbrachten, aber bei näherer Betrachtung stellte sich heraus, dass die weniger Selbstsicheren eher still wurden, wenn eine ihrer Ideen abgelehnt wurde, während die Selbstbewussten gleich neue Vorschläge machten.

Die Analyse ergab, dass beide Typen den tatsächlichen Wert ihrer Ideen falsch einschätzten: Die Selbstbewussten überschätzten ihre Ideen, die weniger Selbstsicheren unterschätzten sie. Interessanterweise zeigte sich, dass die Selbstbewussten am häufigsten falsch lagen. Sie hätten besser daran getan, auf jene zu hören, die weniger Vertrauen in ihr Tun hatten.

Eine weitere selbstwertdienliche Illusion ermöglicht es selbstbewussten Menschen, über ihre Fehler hinwegzusehen. Erfordert eine Aufgabe sowohl Können (innerer Faktor) als auch Glück (externer Faktor), schreiben sie Erfolge ihrem Können zu, während sie für ihre Misserfolge äußere Ursachen verantwortlich machen.

TRAU, SCHAU, WEM!

Übermäßiges Selbstvertrauen wirkt sich auf alle Lebensbereiche aus. Seiner Zurschaustellung wird zuviel Gewicht gegeben, und wir lassen uns vom Selbstbewusstsein anderer beeinflussen, selbst wenn es nicht gerechtfertigt ist. Selbstsichere Menschen sind in der Regel beliebter und angesehener.

Cameron Anderson von der University of California erforschte Studierende mit übermäßigem Selbstvertrauen und stellte fest, dass Kommilitonen sie selbst dann noch für herausragend hielten, wenn herauskam, dass sie gemogelt hatten: „Die Personen mit dem größten Selbstvertrauen galten als die beliebtesten." Eine Untersuchung des charakteristischen Verhaltens der „Beliebten" ergab, dass sie sich stärker beteiligten und entspannter waren – sie glaubten wirklich an sich, sie taten nicht nur so. „Menschen durchschauen die ‚Tells' eines vorgetäuschten Selbstvertrauens", erläutert Anderson. „Wenn jemand nicht wirklich glaubt, dass er gut ist, bemerken die anderen das an seinem unsteten Blick und der erhobenen Stimme."

Auch wenn wir uns von hohem Selbstvertrauen angezogen fühlen – es kann gefährlich sein: Es ist wahrscheinlich verantwortlich für unzählige Autounfälle – 90 % der Fahrer halten sich für überdurchschnittlich gut – und Wirtschaftskrisen – eine Langzeitstudie mit Profi-Financiers ergab, sie wären besser im Bett geblieben. Überhöhtes Selbstvertrauen ist ein entscheidender Faktor in der ungleiche Bezahlung von Männern und Frauen: Männer denken, sie sind mehr wert, fordern daher mehr und bekommen es auch.

Professor Jeffrey Butler vom Einaudi Institute for Economics and Finance in Rom vermutet, dass die Vermessenheit einzelner Personen die ökonomische Ungleichheit weltweit fortbestehen lässt. Es ist ein Teufelskreis: Leute mit übermäßigem Selbstvertrauen fordern Privilegien, weil sie (zu Unrecht) glauben, diese zu verdienen, und sehen die erhaltenen Privilegien wiederum als Beweis dafür an, dass sie sie verdienen. Bei weniger selbstbewussten Menschen ist es genau andersherum.

Um seine Hypothese zu überprüfen, gab Butler willkürlich ausgewählten Freiwilligen eine Aufgabe, für die er sie nach dem Zufallsprinzip mit viel oder wenig Geld entlohnte. Die Gutbezahlten waren genauso kompetent wie die Schlechtbezahlten, aber die Letzteren schätzten mit einer 20 % höheren Wahrscheinlichkeit ihre Leistung schlechter ein als die Gutbezahlten.

In Anbetracht dessen brauchen wir wohl nicht nach „mehr Selbstvertrauen" zu streben, sondern sollten uns fragen, worauf unser Selbstvertrauen aufbaut!

In einer Gruppe sprechen selbstsichere Personen im Namen des Teams. Ihre Aussagen und Sätze signalisieren Gewissheit, und sie wirken sicherer im Umgang mit anderen.

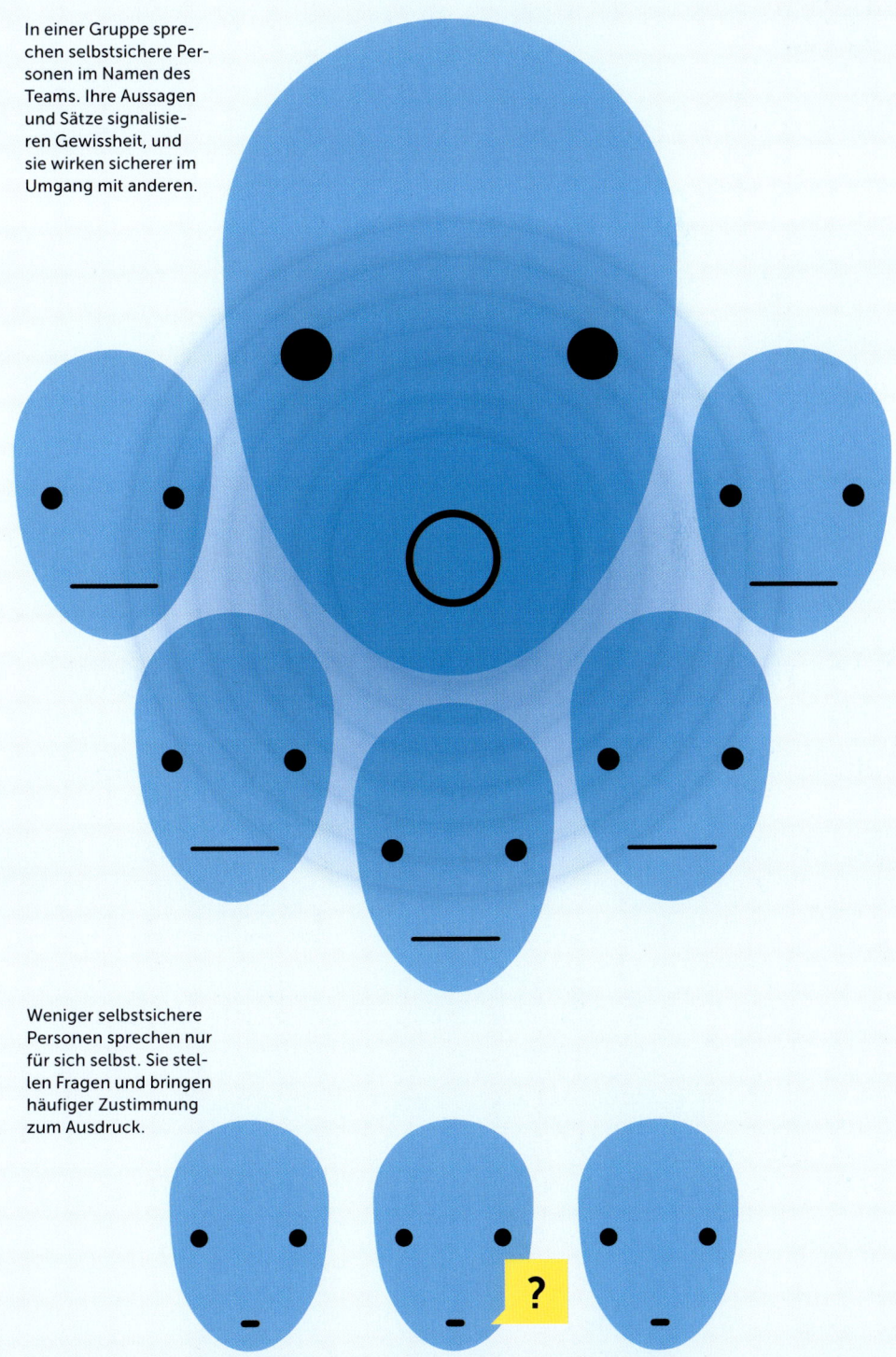

Weniger selbstsichere Personen sprechen nur für sich selbst. Sie stellen Fragen und bringen häufiger Zustimmung zum Ausdruck.

MACHER UND NACHZÜGLER

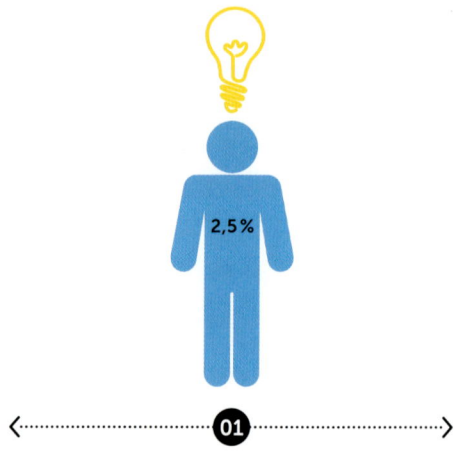

Auch wenn wir „Mode" vor allem mit Kleidern verbinden, ist ihr doch jeder Aspekt des menschlichen Lebens unterworfen. Gebäude können durch ihren Architekturstil zeitlich eingeordnet werden, alte Fotos offenbaren peinliche Frisuren, und Musikrichtungen, Malstile, Hobbys, Sportarten, Ernährung, Urlaubsziele, Studienfächer, politische und soziale Bewegungen kommen und gehen, scheinbar unabhängig von ihrem Eigenwert.

Damit etwas ein Trend wird, muss das Umfeld reif dafür sein. Eine Idee hat nur Erfolg, wenn sie zum rechten Zeitpunkt verbreitet wird, wenn die Menschen dafür bereit sind und wenn die politischen und gesellschaftlichen Rahmenbedingungen stimmen. Alle Trends durchlaufen einen fünfstufigen Prozess:

01. Innovatoren entwickeln neue Ideen und Produkte aus Spaß, für Geld oder weil sie einen sozialen Nutzen darin sehen. Dieser Minderheit von ca. 2,5 % der Bevölkerung geht es nicht darum, neue Trends zu setzen. Daher müssen sie andere begeistern.

02. Early Adopters („frühe Übernehmer") sind die eigentlichen Trendsetter. Sie bringen selbst keine Neuerungen hervor, erkennen diese aber rasch. Ihr Hauptantrieb ist sozialer Status – sie möchten als Macher wahrgenommen werden, haben oft eine laute „Stimme" in sozialen Netzwerken und gelten als Meinungsmacher oder Experten. Sie sorgen für Medienöffentlichkeit, haben einen Draht zu Promis und gegebenenfalls zu offiziellen Stellen. Etwa 13 % der Menschen fallen in diese Gruppe.

03. Frühe Mehrheit: Diese Personen warten meist ab, bis sich erwiesen hat, dass eine Idee oder ein Produkt einen Wert hat. Trotzdem greifen sie schneller zu als die meisten Leute und werben dann begeistert dafür. Etwa 34 % der Bevölkerung fallen in diese Kategorie, und sobald sie eine Idee angenommen haben, fällt der Startschuss für die weltweite Vermarktung im großen Stil (wenn es sich um eine Ware handelt).

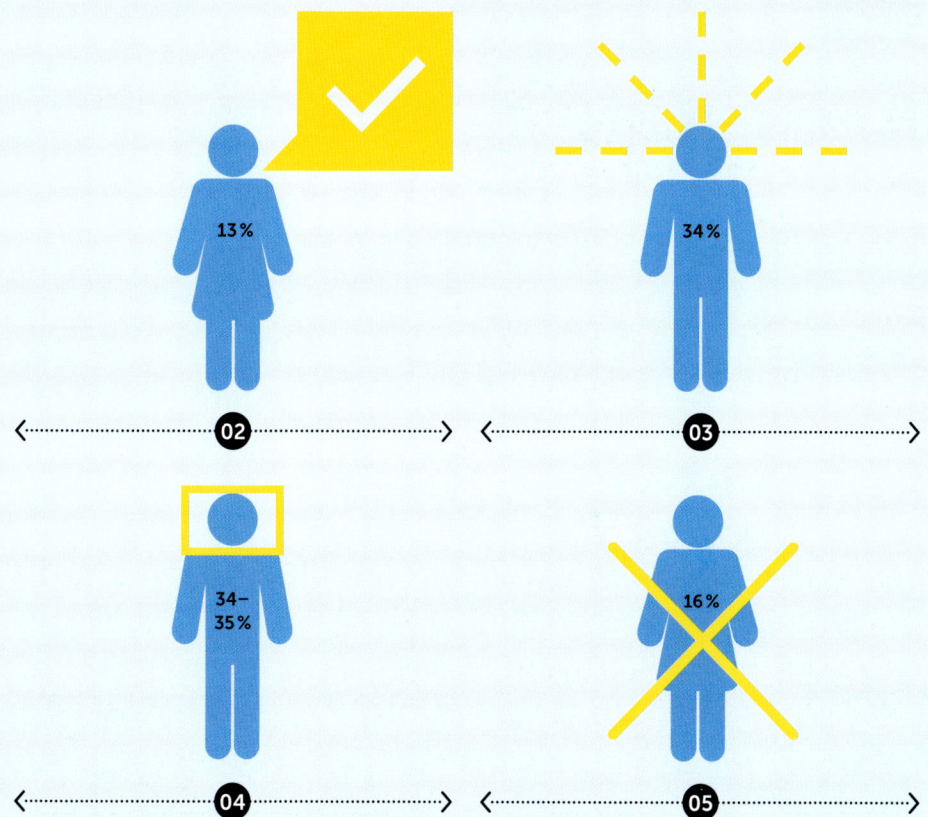

04. Späte Mehrheit: Diese Leute, ebenfalls ca. 34–35 %, sind konservativ, fürchten Veränderung und warten, bis ein Produkt sich bewährt hat, bevor sie es selbst ausprobieren. Sie haben ein ausgeprägtes Bewusstsein für gesellschaftliche Normen. Neue Ideen finden sie häufig nur in abgeschwächter Form ansprechend.

05. Nachzügler: Etwa 16 % der Bevölkerung sind traditionsverbunden und sehr konservativ. Diese Menschen kämpfen aktiv gegen Veränderung und akzeptieren Neuerungen erst, wenn sie nicht mehr neu sind. Wenn ein Nachzügler eine Idee annimmt, ist das ein sicheres Zeichen, dass es bereits etwas Neueres gibt.

Die Menschen, die in diesen fünf Stufen aktiv sind, spiegeln verschiedene Persönlichkeitsaspekte wider: Erfindergeist, Streben nach sozialem Status, Herdentrieb, Selbsterhaltungstrieb und Vorsicht. Man kann davon ausgehen, dass die Mengenverhältnisse dieser Typen relativ stabil sind. Die Verbreitung von neuen Ideen verlief wahrscheinlich ähnlich, als der erste Mensch sich Tierfell um die Füße wickelte und damit den Vorläufer des Mokassins erfunden hatte. Was sich jedoch geändert hat, ist die zunehmend schwindelerregende Geschwindigkeit, mit der Moden sich ausbreiten und Zyklen durchlaufen.

FAST FASHION

Erinnern Sie sich noch an Hüfthosen? Dieses Statement-Piece der 1960er-Jahre war von der Sträflingskleidung in US-amerikanischen Gefängnissen inspiriert, wo für die Insassen Gürtelverbot herrschte, und wurde von Nachkriegsjugendlichen getragen, die den öden Klamotten ihrer Eltern etwas entgegensetzen wollten. Berühmtheiten wie Janis Joplin und Jimi Hendrix erhoben die Hosen zum Trend. Der war in den 1970er-Jahren vorbei, aber zwei Jahrzehnte später kam die Hüfthose dank Steve McQueen und Supermodel Kate Moss zurück.

Dass Trends immer schneller entstehen und vergehen, liegt natürlich an den besseren Kommunikationsmitteln. Als das Pferd noch die Geschwindigkeit der Nachrichtenübermittlung limitierte, waren der Verbreitung von Trends Grenzen gesetzt. Perücken z. B. hielten ab 1580 in Frankreich Einzug, als Ludwig XIV. damit die Folgen der Syphilis kaschierte. Die Mode verbreitete sich in Europa, erreichte etwa hundert Jahre später ihren Höhepunkt und flaute dann im Laufe des nächsten Jahrhunderts ab.

Heute geht alles schneller und reicht weiter. Pokémon Go hatte zwei Wochen nach dem Start 45 Millionen User, und die schrägsten Sachen werden über Nacht zum Hit – das „Gangnam Style"-YouTube-Video mit dem merkwürdigen Tanz wurde von über 3 Milliarden Menschen angeklickt.

WER NIMMT EINFLUSS?

Trends werden heute zunehmend von Social-Media-Seiten initiiert und gepflegt. Viral Marketing und Buzz Marketing haben in vielen Kontexten den traditionellen Top-down-Ansatz abgelöst. Facebook beispielsweise hat über 2 Milliarden aktive Nutzer, und jede von ihnen verbringt pro Tag durchschnittlich 50 Minuten auf der Seite. Das Potenzial, das Facebook und andere soziale Medien fürs Trendsetting bieten, ist enorm, und sie vereinfachen die Kontrolle der ersten wichtige Stufe des Trendsetting-Prozesses, die Phase der „Early Adopter".

Die neuesten Modemeldungen machen oft auf Facebook und Twitter die Runde, Blogger werden von Modebibeln wie der *Vogue* konsultiert, und Modeschöpfer übertragen ihre Shows per Live-Stream.

Facebook-User haben im Schnitt etwa 350 „Freunde". Wenn nur ein Fünftel von ihnen etwas kommentiert oder liket, heißt das, dass über 3000 andere Nutzer innerhalb weniger Minuten davon erfahren. Es ist wichtig zu wissen, wer hinter den Likes steckt – Einflussnahme ist nur dann erfolgreich, wenn die richtigen Leute beeinflusst werden.

Forscher haben Verhaltensmuster von ca. 1,3 Millionen Facebook-Usern erfasst, um herauszufinden, wer am ehesten andere dazu bringt, ein neues Produkt auszuprobieren. Sie fanden heraus, dass jüngere Nutzer leichter beeinflussbar sind als ältere, Männer einflussreicher sind als Frauen, Frauen einen stärkeren Einfluss auf Männer als auf andere Frauen haben und verheiratete Personen am schwersten zu beeinflussen sind.

Manche Trends verbreiten sich durch Mund-zu-Mund-Propaganda, andere werden von mächtigen Influencern wie Regierungen, Hollywood oder Modeindustrie gesetzt. Die Wachstumsmuster unterscheiden sich, aber große Organisationen greifen vermehrt auf Bottom-up-Strategien zurück und holen sich gut vernetzte Einzelpersonen oder Promis ins Boot, die all ihren Freunden eine Idee oder ein Produkt empfehlen.

Top-down-Verlauf

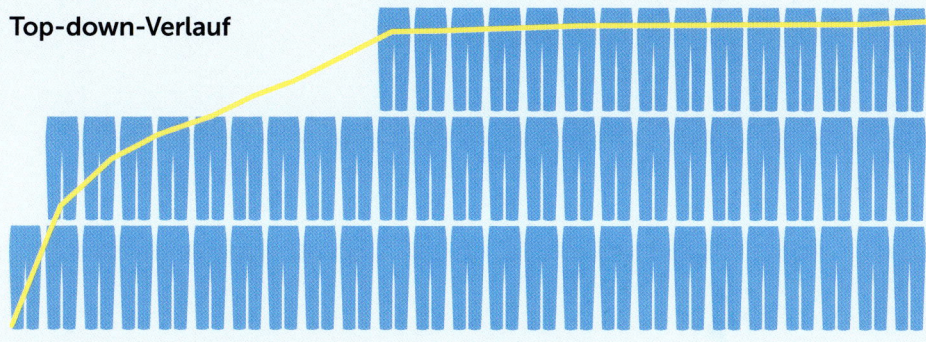

01. Typische Top-down-Entwicklung mit einem steilen Anstieg der „Adopters" unmittelbar nach der Markteinführung.

Präferenz-Verlauf

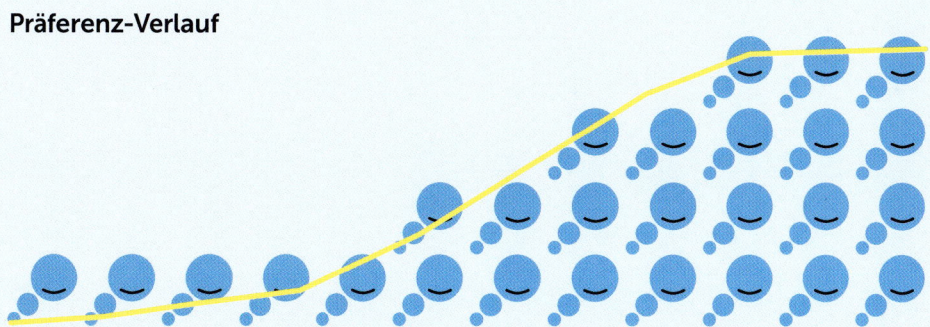

02. Hier wird die Entwicklung allein durch die Präferenzen der Leute bestimmt. Der Zuspruch verzweigt sich unter den Leuten, die ihre Entscheidung treffen, der Beliebtheitszuwachs beginnt langsam. Person #1 erzählt ein paar Freunden davon, die ihrerseits jeweils wieder ein paar Freunde ansprechen. Im Verhältnis zur Gesamtbevölkerung hat jeder nur relativ wenig Freunde, aber an einem bestimmten Punkt kann die Kurve schnell ansteigen. Nehmen wir an, jede Person hat 5 Freunde. In der ersten Phase sind nur 6 Leute involviert (1 + 5), in Phase 2 kommen 25 hinzu, in Phase 3 weitere 125 usw. Die Idee setzt sich durch.

TOOLKIT

13

Normalerweise wechseln wir zwischen verschiedenen Ich-Zuständen hin und her, meistens Kindheits-, Eltern- und Erwachsenen-Ich. Erfolgreiche Konversation verläuft komplementär, also zwischen Eltern- und Kindheits-Ich oder zwischen Erwachsenen. Das Wissen um diesen Zusammenhang verbessert die Gesprächsdynamik.

14

Menschen sind eher bereit, den Wünschen eines anderen entgegenzukommen, wenn sie das Gefühl haben, dass sie dem anderen etwas schuldig sind.

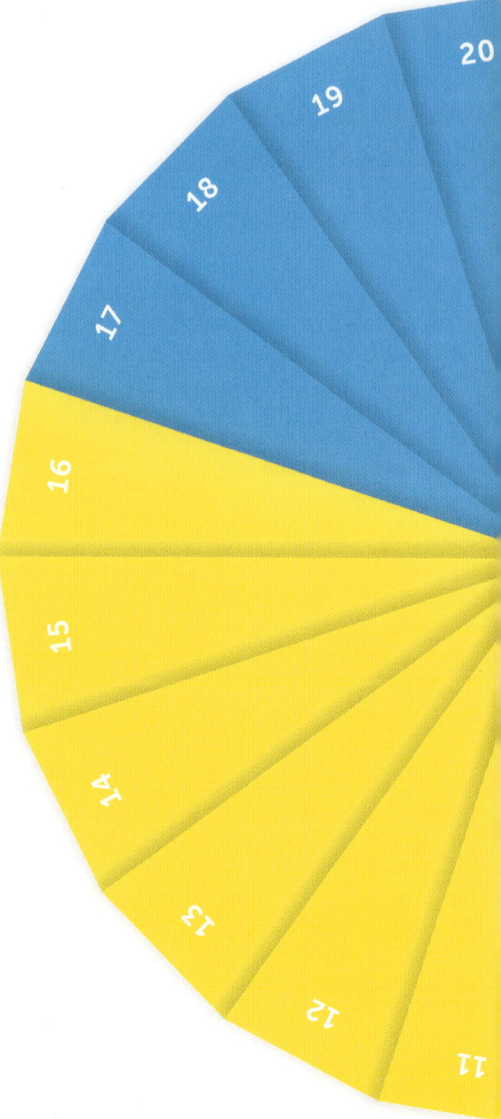

15

Die Kennzeichen von Selbstvertrauen sind Entspanntheit und ein aktives Sozialleben. Diese Merkmale erzeugen eine Zurschaustellung von Wissen, dem andere vertrauen und von dem sie sich angezogen fühlen.

16

Neue Erfindungen und Entdeckungen werden erfolgreich, wenn sie von „Early Adopters" aufgegriffen werden: Personen, die der Mittelpunkt eines Netzwerks aus einflussreichen Freunden sind. Solche Menschen zu erkennen, kann entscheidend sein, um Ihren Ideen den Weg zu bereiten und zum Durchbruch zu verhelfen.

BUILD + BECOME

ZUR VERTIEFUNG

LESEN

Spiele der Erwachsenen.
Psychologie der menschlichen Beziehungen
Eric Berne (Rowohlt, 2002)

Wie man Freunde gewinnt
Dale Carnegie (Fischer, 2014)

Overconfidence and War.
The Havoc and Glory of Positive Illusions
Dominic Johnson
(Harvard University Press, 2009)

Climbing the Charts. What Radio Airplay
Tells Us About the Diffusion of Innovation
Gabriel Rossman
(Princeton University Press, 2012)

Wie man sie alle rumkriegt! Andere
überzeugen in den Zeiten von Fake News
Scott Adams
(Redline, 2018)

The Persuaders. The Hidden Industry
That Wants to Change Your Mind
James Garvey
(Canongate Books, 2017)

Decoded. The Science Behind Why We Buy
Phil Barden
(John Wiley & Sons, 2013)

ANSCHAUEN

Wall Street

The Wolf of Wall Street

CARM.
The Conversation Analytic Role-Play Method
Elizabeth Stokoe
http://www.carmtraining.org/

GRUPPEN VERSTEHEN

LEKTIONEN

17 GRUPPEN
Der Mensch ist ein Herdentier, aber die „Herde" muss die richtige Größe haben.

18 FAMILIEN
Ein Hormon sorgt für den Familienzusammenhalt.

19 GRUPPENDENKEN
Warum Gruppen manchmal größere Fehler machen als Individuen.

20 MENSCHENMASSEN
Wie wird aus einer friedlichen Zusammenkunft ein angsteinflößender Mob?

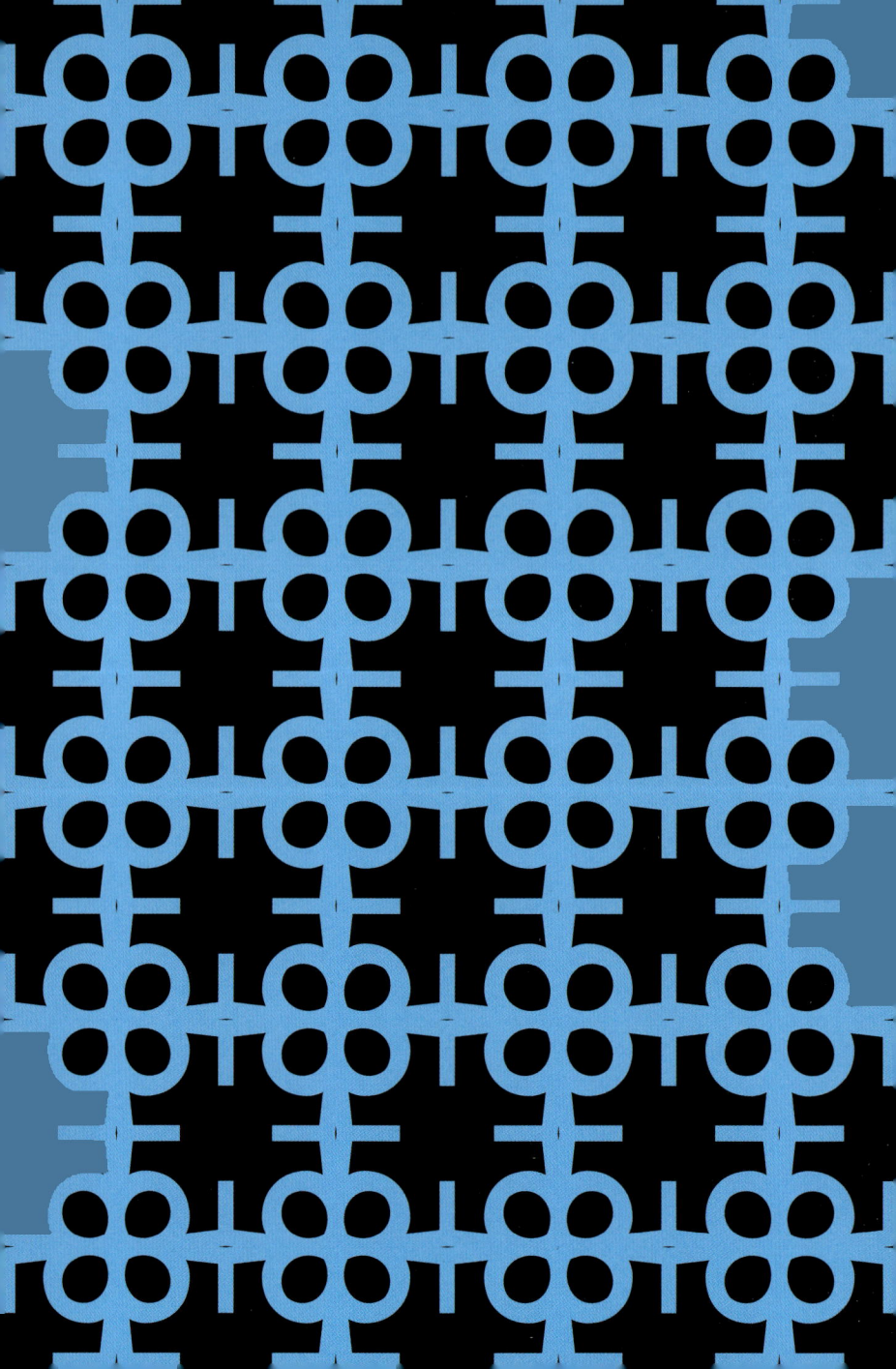

Menschen verstehen und analysieren zu wollen, ohne ihre Gruppengefüge zu berücksichtigen, ist, als wolle man eine Biene losgelöst vom Bienenstock betrachten.

Bisher haben wir uns auf Kommunikation in Eins-zu-eins-Situationen konzentriert. Dieses Kapitel blickt auf die Prozesse, die ablaufen, wenn Menschen in großer Zahl zusammenkommen, als Teil von Gruppen und Gesellschaften, unter Einbeziehung des Kontextes.

Der Mensch ist in zwei Bereichen besonders gut: Kommunikation und Vorstellungskraft. Wir verfügen über die einzigartige Fähigkeit, Wissen durch Sprache weiterzugeben. In Kombination mit der Gabe, ständig neue Ideen und Gegenstände hervorzubringen, macht uns das besonders vielfältig und unberechenbar. Bräuche, Gewohnheiten, Normen und Werte können sich dank moderner Medien in Lichtgeschwindigkeit verbreiten und über Nacht von Millionen von Menschen angenommen werden. Doch der Mantel der Kultur verdeckt den Blick auf viele essenziell menschliche Eigenschaften.

Wenn wir hinter die oberflächlichen Verhaltensweisen blicken, finden wir Charakteristiken, die allen menschlichen Gesellschaften zu allen Zeiten gemein sind, allen voran unser Bedürfnis, uns mit Artgenossen zusammenzutun. Menschen verstehen und analysieren zu wollen, ohne ihre Gruppengefüge zu berücksichtigen, ist, als wolle man eine Biene losgelöst vom Bienenstock betrachten.

Wir untersuchen die vier Hauptschichten des sozialen Zusammenlebens: Gesellschaft, Menschenmassen, Gruppen und Familie.

17 BUILD + BECOME

GRUPPEN

Alle Menschen haben bestimmte Grundbedürfnisse, die der Einzelne nicht alleine erfüllen kann. Menschen brauchen andere Menschen, das zeigt sich auch im Aufbau unserer Gesellschaften. Jeder ist Teil einer Gruppe, die wiederum einer größeren Gruppe angehört usw.

Diese Gruppen sind, wie Wolken am Himmel, stetig dabei, Form und Größe zu ändern, auseinanderzubrechen und neu zusammenzufinden. Manche schweben über allem und haben klare Konturen, andere sind fragil und nur von kurzer Dauer. Die größten können plötzlich zerfallen (Weltreiche), die kleinsten Jahrhunderte überdauern (die europäische Aristokratie). Es gibt riesige Gruppen aufgrund von geografischen Gegebenheiten und Glauben, Gruppen mit gemeinsamen Interessen wie Landwirtschaft oder Sport, Gruppen, die sich durch ethnische Zugehörigkeit oder Alter definieren, oder kleine Gruppen wie Jugendgangs, die sich in bestimmten Milieus bilden.

Der Psychologe Abraham Maslow stellte unsere Bedürfnisse in Form einer fünfstufigen Pyramide dar. Die unterste Stufe bilden die grundlegenden, d. h. überlebensnotwendigen physiologische Bedürfnisse (für jedes Lebewesen identisch): Luft zum Atmen, Nahrung und Wasser. Die zweite Stufe, Sicherheit, umfasst Dinge, die unser langfristiges Überleben sichern, wie Unterkunft und Schutz vor Feinden. Die sozialen Bedürfnisse – Familie, Freunde, sich zugehörig fühlen – bilden Stufe drei, gefolgt von dem Wunsch nach Selbstachtung und Anerkennung von außen. An der Spitze steht die Selbstverwirklichung: das Streben nach einem erfüllten Leben, z. B. durch das Ausleben von Schaffenskraft, Kreativität und Spiritualität, geistiges Wachstum oder einfach das Erreichen von Zufriedenheit.

Die meisten Menschen sind in der Lage, ihre Existenzbedürfnisse zu befriedigen, aber nur die wenigsten erreichen die Stufe der Selbstverwirklichung (nach Maslows Berechnungen nur 1 von 10). Die meisten stecken in den mittleren Stufen der Pyramide fest.

Maslow entwarf diese Hierarchie 1943, aber die objektive Überprüfung blieb lange aus. 2011 untersuchten Forscher der University of Illinois über einen Zeitraum von fünf Jahren gesammelte Daten aus mehr als hundertfünfzig Ländern, darunter Studien über die Gefühlslage von Menschen in Relation dazu, wie weit es ihnen gelungen war, die Maslow'schen Bedürfnisse zu befriedigen. Die Ergebnisse bestätigten seine Theorie: Weltweit sorgte die Befriedigung des Bedürfnisses nach Überleben und Sicherheit für Zufriedenheit. Sie zeigten aber noch etwas: Bei den Stufen „soziale Beziehungen" und „Anerkennung" gab es einen Sprung von „Zufriedenheit" zu „Freude". Anders gesagt: Wenn wir uns sicher fühlen, sind wir froh, aber mit anderen Menschen Zeit zu verbringen macht uns *glücklich*. Vielleicht streben deshalb so wenige nach Selbstverwirklichung: Wir sind einfach zu gesellig.

DIE „REGEL DER 150"

Im Allgemeinen sinkt mit der Höhe der Position einer Spezies in der Nahrungskette die Notwendigkeit, sich mit Artgenossen zusammenzutun. Spitzenprädatoren, d. h. Tiere ohne natürliche Feinde, sind meist Einzelgänger, während Tiere, die permanent Gefahr laufen, gefressen zu werden, gewöhnlich in Herden oder Schwärmen leben.

Der Mensch lässt sich nur schwer in die Nahrungskette einordnen. Unser technischer Fortschritt hat uns zu Spitzenprädatoren gemacht, aber nimmt man uns das Kriegsmaterial weg, rutschen wir rasch nach unten. Mit all unseren stolzen Waffen fühlen wir uns unbesiegbar wie ein Tiger, aber wenn wir nackt und verängstigt sind, werden wir zum Schaf, das Schutz in der Herde sucht.

Es gibt noch einen dritten Gruppentyp, in dem der Mensch sich wohlfühlt: das Rudel.

In einer Herde gehorcht jedes Individuum einer Regel: „Renne, wenn die anderen rennen." Ein Rudel hingegen verfolgt Ziele, und die Individuen interagieren miteinander entsprechend ihrer Rangordnung, um diese Ziele zu erreichen: „Ich renne, wenn der da rennt, bremse mich aber, wenn der andere rennt – es sei denn, der hält sich ebenfalls zurück." Es ist so ähnlich wie beim Fußball: Alle wollen das Spiel gewinnen, jeder Spieler hat den Auftrag, ein Tor zu schießen bzw. zu verhindern, und muss mit den anderen zusammenarbeiten, um dies zu erreichen.

In Anbetracht der Komplikationen, die so ein Rudel mit sich bringen kann, hilft es, die Leute um sich herum möglichst gut zu kennen. Jede dieser sozialen Verbindungen ist in Form eines elektrischen Aktivitätsmusters im Gehirn gespeichert. Diese Muster kommen durch die physischen „Verschaltungen" der Neuronen im Neocortex zustande.

Die Anzahl der tiefergehenden Beziehungen, die ein Individuum unterhalten kann, ist durch die Komplexität und das Ausmaß der neuronalen Vernetzung beschränkt. Auch wenn der Mensch im Vergleich zu anderen Tieren einen relativ großen Neocortex hat – er kann nicht unendlich viele soziale Informationen verarbeiten.

Diese Begrenzung unserer sozialen Wahrnehmung bestimmt die maximale Anzahl an Rudelmitgliedern, mit denen wir eine stabile Beziehung halten können – etwa 150 Leute, wie es scheint. Entdeckt hat diese Größenordnung, die sogenannte „Dunbar-Zahl", der Anthropologe Robin Dunbar, als er den Zusammenhang zwischen der Gruppengröße von Säugetieren und dem Aufbau ihrer Gehirne erforschte. Auf der Grundlage der Durchschnittsgröße des Neocortex von Primaten und Menschen berechnete er obige Zahl. Als er zur Probe die Größe verschiedener sozialer Gruppen untersuchte, fand er viele Übereinstimmungen: 150 ist die durchschnittliche Einwohnerzahl von unberührten Dörfern und entspricht, quer durch die Jahrhunderte, grob der Größe von Militäreinheiten.

Die „Regel der 150" ist in Managementkreisen weit verbreitet. Schon vor Dunbars Studie fand der Gore-Tex-Hersteller auf eigene Faust heraus, dass Fertigungseinheiten nicht mehr als 150 Angestellte umfassen sollten; statt die Einheit zu vergrößern, war es besser, eine neue zu gründen. Mittlerweile achten viele Unternehmen bei der Planung ihrer Abteilungen auf die Dunbar-Zahl. So kann (theoretisch) jeder die Namen seiner Kollegen kennen, und das Management kann auf einen streng hierarchischen (oft konfliktträchtigen) Aufbau verzichten.

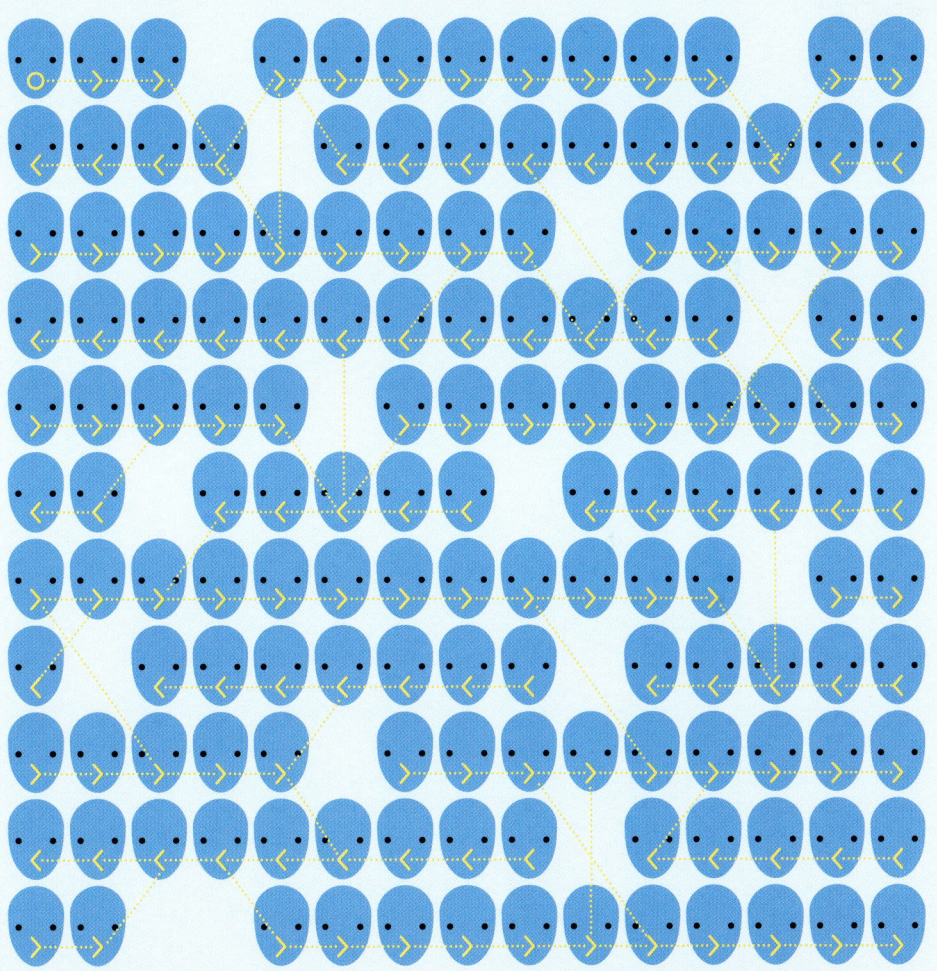

Die von Dunbar errechneten 150 Personen sind übrigens die maximale Gruppenstärke, nicht die optimale! Primaten pflegen ihre sozialen Beziehungen, indem sie einander putzen, und je größer die Gruppe, desto mehr Zeit verbringen sie damit, einander Insekten aus dem Fell zu klauben. Das menschliche Äquivalent ist Plaudern und Tratschen. Nach Dunbars Berechnungen verwenden die Mitglieder einer 150-Personen-starken Gruppe 42 % ihrer Zeit darauf, einander im Auge zu behalten. Eine Studie mit 3000 Angestellten unterschiedlicher Firmen ergab 2014, dass dies genau der Zeit entspricht, die Leute im Büro mit Tratschen verbringen.

FAMILIEN

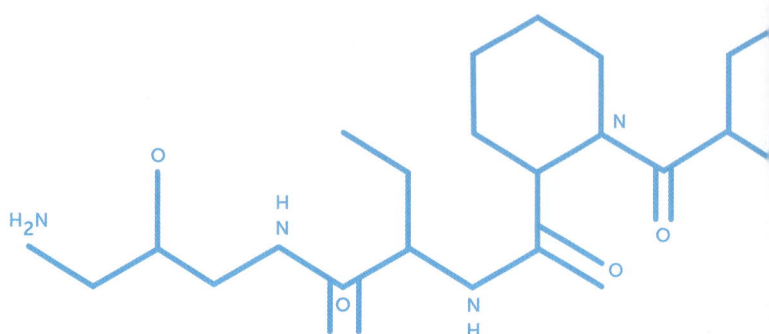

Die Familie ist die elementarste Gruppe in jeder Gesellschaft. Ob sie aus einem verstreuten Haufen entfernt verwandter Personen oder einem innigen Kernhaushalt besteht – jeder hat eine (wie auch immer geartete) Familie und ist in einer aufgewachsen.

Die Universalität der Familie spiegelt das elementare Bedürfnis des Menschen wider, schützende Bindungen aufzubauen. Denn anders als andere Spezies kommen Menschenkinder hilflos zur Welt, weshalb wir einen machtvollen Mechanismus entwickelt haben, um den Nachwuchs in der Nähe der Mütter zu halten. Weil auch die Kindsmutter des Schutzes bedarf, bringt der gleiche Mechanismus Blutsverwandte dazu, eine enge, sich gegenseitig beschützende Gruppe zu bilden. Manchmal werden auch Freunde, sogar Haustiere Teil des magischen Kreises. Besagter Mechanismus ist in erster Linie chemischer Natur: das Hormon Oxytocin.

Oxytocin kann als Architekt der Familie bezeichnet werden. Das „Kuschelhormon" wird im Gehirn produziert, wenn Menschen sich einander nahe fühlen, vor allem dann, wenn sie dies durch körperliche Zuneigung zum Ausdruck bringen. Es wird beim Sex und während der Geburt freigesetzt und danach jedes Mal, wenn Mutter und Kind einander berühren. Wenn wir jemanden streicheln, den wir lieben, steigt unser Oxytocin-Pegel, wodurch wiederum Stresshormone abgebaut werden und der Blutdruck sinkt. Das funktioniert auch, wenn die Zuneigung dem Haustier

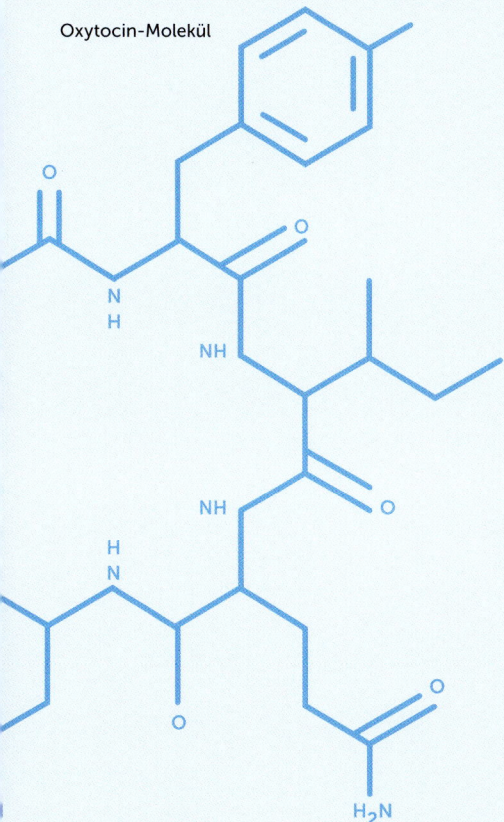

Oxytocin-Molekül

Verbunden

gilt, und die Wirkung beim Tier ist ähnlich wie beim Menschen!

Im Gehirn bewirkt Oxytocin unter anderem, dass wir die Grenzen unseres Körpers nicht mehr normal wahrnehmen. Bei starker Oxytocin-Ausschüttung – z. B. nach einem sexuellen Höhepunkt – fühlt man sich oft, als würde man mit dem Partner zu einem einzigen, liebenden Wesen verschmelzen.

Es sind die Prozesse, die in Gang kommen, wenn die Oxytocin-Konzentration fällt, welche die menschliche Bindung so effektiv machen.

Sinkt bei Säuglingen der Oxytocin-Level stark ab (also immer dann, wenn sich niemand aktiv um sie kümmert), löst das bindungssuchendes Verhalten aus – für gewöhnlich in Form von Schreien. Der Effekt dieses besonderen akustischen Reizes ist, dass die Bezugsperson zum Baby eilt, um es zu trösten und/oder zu füttern. Sobald die beiden zusammen sind, steigen die Oxytocin-Pegel, sowohl beim Säugling als auch beim Elternteil. Solange die beiden in diesem Hormonbad schwimmen, fühlen sie sich ruhig und entspannt, aber sobald sie sich trennen, fallen die Oxytocin-Pegel wieder, und es ist wieder Kontakt nötig. Ähnliches passiert, wenn Erwachsene sich verlieben. Die Wirkungsweise des Oxytocins – chemisches „High" durch Kontakt, „Entzug" bei Getrenntsein, neue „Dröhnung" beim Wiedersehen – hat ihm die Bezeichnung „körpereigenen Wunderdroge" eingebracht.

BINDUNGSTYPEN

Abgesehen davon, dass es abhängig macht, ist die Förderung der Oxytocin-Ausschüttung durch Zuneigung gut für unsere Bindungsfähigkeit, unseren Umgang mit Stress und möglicherweise auch für unsere Gesundheit. Studien ergaben, dass Oxytocin die Wundheilung beschleunigt, und es lässt uns attraktiver wirken – in den Augen des Partners: Eine Studie zeigte, dass Männer mit künstlich erhöhtem Oxytocin-Spiegel sich stärker zu ihren Partnerinnen hingezogen fühlten.

Die wichtigste Funktion dieses Hormons besteht jedoch darin, Kinder mit einem Sicherheitsgefühl auszustatten, das ihnen eine solide emotionale Lebensgrundlage verschafft. Das Oxytocin-gesteuerte Duett zwischen Elternteil und Kind sorgt dafür, dass das Kind zumindest eine verlässliche Bindung hat, eine Person, die verlässlich seine Bedürfnisse befriedigen wird.

Kinderpsychiater und Bindungsexperte John Bowlby ging davon aus, dass Kinder bei normal verlaufender Bindungserfahrung ein „inneres Arbeitsmodell" entwickeln, welches auf drei Überzeugungen aufbaut:

01. Die Bezugsperson ist zuverlässig.
02. Sie (die Kinder) fühlen sich der Zuwendung wert.
03. Sie haben eine Wirkung auf andere.

Ist dieses Modell nicht richtig ausgebildet, beeinträchtigt dies das spätere soziale und emotionale Verhalten des Kindes. Bowlbys Kollegin, Mary Ainsworth, unterschied drei Bindungstypen:

> sicher
> unsicher-ambivalent
> unsicher-vermeidend

Sie gelangte zu dieser Unterteilung durch eine Testreihe: Ein einjähriges Kind wird an einem fremden Ort kurzzeitig von der Mutter getrennt. Sicher gebundene Kinder (die Mehrheit) weinten, wenn sie alleingelassen wurden, aber beruhigten sich rasch, wenn die Mutter zurückkehrte. Unsicher-ambivalent gebundene Kinder (ca. 1 von 5) verzweifelten während der Trennung, ließen sich bei der Rückkehr nur schwer beruhigen und schienen verärgert, als wollten sie die Mutter bestrafen. Unsicher-vermeidend gebundenen Kindern schien die Trennung nicht viel auszumachen, sie vermieden aber beim Wiedersehen aktiv den Kontakt zur Mutter und wandten sich z. T. ihren Spielsachen zu.

Diese Bindungsmuster scheinen ein Leben lang bestehen zu bleiben. Aus sicher gebundenen Kindern werden Erwachsene, die gesunde, auf Vertrauen basierende Beziehungen aufbauen können. Unsicher-ambivalent Gebundene werden tendenziell ängstliche, eifersüchtige Erwachsene, die sich nach Kontakt sehnen, sich dieses Bedürfnis aber nicht zugestehen. Dem vermeidenden Typ fällt es generell schwer, sich zu binden, er ist häufig distanziert.

Bindungstypen kann man auch auf das Geschäftsleben übertragen. Sie beeinflussen, ob Vorgesetzte ein enges oder distanziertes Verhältnis zu ihren Untergebenen pflegen, sie bevormunden oder stärken, direkt oder indirekt kommunizieren, Debatten zulassen etc.

Das Oxytocin-System bewirkt starke zwischenmenschliche Bindungen. Das Fehlen einer sicheren Bindung kann sich auf mehrere Generationen auswirken. Glücklicherweise können Menschen mit Bindungsstörung ihre Nachkommen vor diesem Schicksal bewahren, indem sie ein normales Bonding „vortäuschen" – was am Ende auch ihnen selbst zugutekommt.

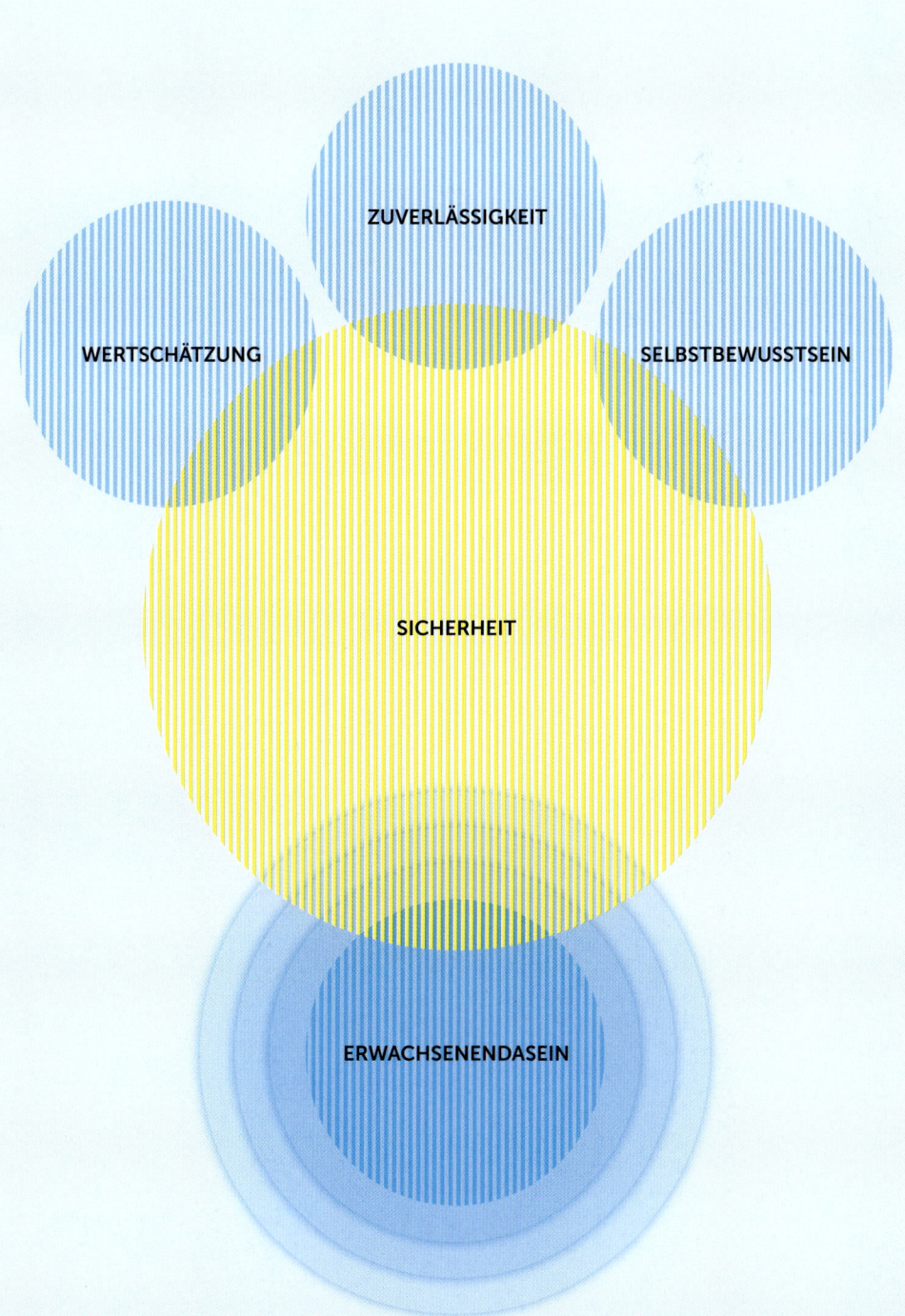

DER MENSCH IST
WESEN. IN
KOHÄSIVEN
ER SICH

EIN SOZIALES
EINER
GRUPPE FÜHLT
GEBORGEN.

GRUPPENDENKEN

Im April 1961 befahl Präsident John F. Kennedy den US-Streitkräften, in Kuba einzumarschieren. Dem kommunistischen Machthaber Fidel Castro sollte die Macht entzogen werden, wie man einem Kleinkind eine Rassel wegnimmt. Drei Tage später war alles vorüber, aber nicht so, wie von Kennedys Team erwartet. Statt des Triumphs wurde Amerika von den Kubanern vorgeführt. Die Invasion in der Schweinebucht zählt zu den berühmtesten Fehleinschätzungen der Militärgeschichte.

Spätere Untersuchungen ergaben, dass Gruppendenken einen entscheidenden Anteil an dem Debakel hatte – die Unfähigkeit einer Gruppe, unabhängige oder vom Konsens abweichende Meinungen zuzulassen. Kennedys Team billigte zweifellos das Invasionsvorhaben der CIA, die ihrerseits einige eklatante Probleme ausblendete. Die Teammitglieder bestärkten sich gegenseitig und entwickelten einen Plan, der sich als völlig unrealistisch erwies. Die Bedenkenträger unter ihnen schlossen sich der Mehrheitsmeinung an, außenstehende Experten wurden ignoriert oder abgetan. Das Gruppendenken bereitete dem Fiasko den Weg.

Der Begriff *groupthink* wurde 1952 von dem Autor William H. Whyte geprägt, in Anlehnung an einen „Neusprech"-Ausdruck aus George Orwells Roman *1984*. Er beschrieb das Phänomen als „rationalisierte Konformität – eine offene, klare Philosophie, die besagt, dass die Gruppenwerte nicht nur zweckmäßig, sondern auch richtig und gut sind."

Gruppendenken findet statt, wenn Leute um jeden Preis mit anderen einer Meinung sein wollen. Das kommt häufiger vor als gedacht, da der Mensch, wie wir gesehen haben, ein soziales Wesen ist und Zusammenhalt sich so gut anfühlt.

Das Gefühl ähnelt der Mutter-Kind-Bindung, und das ist kein Zufall, da der biologische Mechanismus – das Hormon Oxytocin – wahrscheinlich einer der Hauptschuldigen am Zustandekommen von Gruppendenken ist. Studien haben gezeigt, dass das Hormon Teamwork im Sport und bei der Arbeit fördert und rasch Loyalität zwischen Leuten entstehen lässt, denen man gesagt hat, dass sie auf der gleichen Seite stehen. Es bringt uns dazu, mit anderen mitzufühlen, ihnen zu vertrauen und zu helfen.

Doch Oxytocin hat auch eine dunkle Seite: Es fördert Misstrauen (teils sogar Hass) gegenüber jedem, der nicht zur Gruppe gehört, und kann Neid, Schadenfreude und Aggression hervorrufen.

Wer Teil einer von Oxytocin zusammengehaltenen Gruppe ist, will sie nicht verlassen und ist dafür gern bereit, eigenes kritisches Denken aufzugeben.

Solche Gruppenmitglieder vermeiden alles, was den wohligen Gruppenfrieden stören könnte. Die Gruppe grenzt sich von kritischen Außenseitern ab und übt sich in Selbstgefälligkeit. Die Gefahr ist groß, dass diese Gruppe ihre Kräfte und Fähigkeiten überschätzt und Rivalen unterschätzt.

Der Psychiater Solomon Asch demonstrierte in den 1950er-Jahren das Phänomen Gruppendenken mit einer Reihe von Experimenten: Er versammelte acht Personen in einem Raum; sieben davon waren eingeweiht worden, nur eine war ahnungslos. Diese eine Person ging davon aus, die anderen seien ebenfalls beliebige Testpersonen. Die acht wurden alle in einer Reihe aufgestellt und sollten sagen, welcher der vier gelben Balken der längste sei. Die „echte" Versuchsperson wurde zuletzt befragt. Die Eingeweihten gaben offensichtlich falsche Antworten, nannten z. B. Balken 1 oder 3. Die spannende Frage lautete: Was würde Nr. 8 antworten?

Im Laufe der Testreihe lehnten sich ca. 30 % der Versuchspersonen an die falsche Aussage der Eingeweihten an. Als sie danach nach dem Grund gefragt wurden, gaben sie eine der drei folgenden Antworten:

01. Sie dachten wirklich, der von ihnen genannte Balken sei der längste.
02. Sie erkannten die richtige Antwort, dachten aber, sie lägen falsch, weil die anderen anders antworteten.
03. Sie wussten, dass ihre Antwort falsch war, aber pflichteten den anderen bei, aus Angst, als Außenseiter dazustehen.

Aschs Experiment wurde seither hundertfach weltweit wiederholt, mit ähnlichen Ergebnissen. Der Anteil der Menschen, die sich gruppenkonform äußern, variiert jedoch beträchtlich – je nach kultureller Zugehörigkeit von etwa 15 % bis 58 %. Menschen aus individualistisch orientierten Kulturen (z. B. USA, Westeuropa) gaben trotz Gruppendruck häufiger die richtige Antwort, während Angehörige traditionell kollektivistischer Gesellschaften wie Japan und Indien eher dazu neigten, sich der Meinung der Gruppe anzuschließen.

ILLUSION DER UNVERWUNDBARKEIT

Ein offensichtliches Alarmsignal, dass sich Gruppendenken etabliert hat, ist selbstverherrlichende Werbung. Anfangs ist es vielleicht nur der bewusste Versuch, bei Menschen außerhalb der Gruppe den Eindruck zu erwecken, die Gruppe sei besser als sie, z. B. wenn eine kleine Firma in einer Werbung so tut, als sei sie größer als sie tatsächlich ist, in der nachvollziehbaren Hoffnung, Kunden zu gewinnen, die sonst zu größeren Anbietern gehen. Problematisch wird es spätestens dann, wenn die Gruppe ihre aufgeblähten Behauptungen selbst glaubt.

Der Wissenschaftler Jack Eaton untersuchte die Rolle der Medienmanipulation bei dem Börsensturz des britischen Einzelhandelsgiganten Marks & Spencer Ende der 1990er-Jahre. Das Unternehmen gab Presseerklärungen heraus, über die durchweg positiv berichtet wurde, verquickt mit Nationalstolz und Vorrangdenken. Den größten Eindruck schien diese Werbung auf den Vorstand zu machen, der eine „Unverwundbarkeitsillusion" entwickelte. Diese Selbstüberschätzung führte zu einer fatalen Expansionsstrategie, woraufhin die Aktien in einem Jahr von 590 auf unter 300 fielen.

Gruppendenken wurde vor allem dann analysiert, wenn es große Katastrophen nach sich zog, aber das Phänomen tritt am Abendbrottisch genauso auf wie bei Vorstandssitzungen. Wann immer Leute mit guten Absichten und gemeinsamem Ziel zusammenkommen, ist Gruppendenken nicht weit. Bei trivialen Zielen – eine Flasche Wein aussuchen, nach Hause navigieren – scheint das nicht weiter schlimm: Für einen geglückten Konsens nimmt man fragwürdige Rebsorten oder 10 Minuten Stau in Kauf. Aber die Zustimmung „um des lieben Friedens willen" kann leicht zur Gewohnheit werden und auch wichtige Entscheidungen beeinflussen. Je angenehmer das Gruppenleben, desto größer die Gefahr von Gruppendenken und eventuell fataler Folgen.

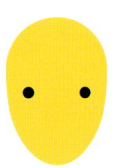

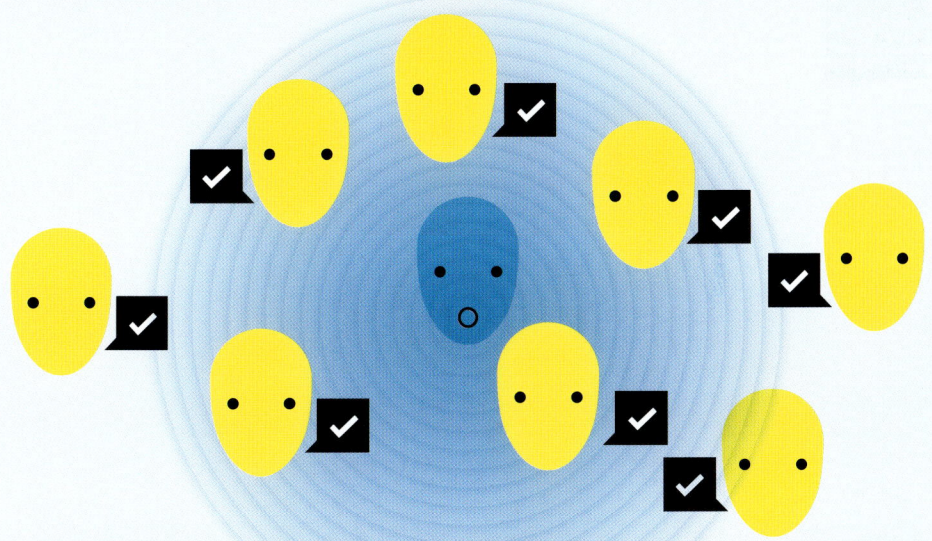

VORSICHT, GRUPPENDENKEN!

01. Achten Sie auf übertriebene Einigkeit und gegenseitige Beweihräucherung innerhalb der Gruppe! Wird übertrieben viel genickt, wenn andere sprechen? Beglückwünschen die Leute einander öfter als normal?

02. Gibt es externe Stressfaktoren? Sie vergrößern das Bedürfnis nach engem Zusammenhalt und hindern Mitglieder, sich disruptiv zu äußern.

03. Wenn Sie Gruppenführer sind, halten Sie Ihre eigene Meinung zurück, bis andere gesprochen haben! Gruppendenken kommt besonders häufig vor, wenn Anführer ihre Position zuerst darlegen.

04. Autoritätshörigkeit unterbinden!

05. Sprechen Sie außerhalb der Gruppentreffen mit den Mitgliedern! Kritik wird eher geäußert, wenn man den Zorn der Gruppe nicht fürchten muss.

06. Sagen sie etwas, das gegen den Gruppenkonsens verstößt! Vielleicht ermutigen Sie damit jemanden, seine Meinung zu sagen, und eine Debatte findet statt.

07. Bringen Sie Leute mit, die nicht Teil der Gruppe sind und es auch nicht werden wollen! Sie haben eine andere Perspektive, und es kümmert sie nicht, beim Verstoß gegen den Mainstream eventuell rausgeworfen zu werden.

08. Laden Sie externe Experten ein und motivieren Sie Mitglieder, eigene Nachforschungen anzustellen, statt sich von gemeinsamen Informationsquellen abhängig zu machen!

09. Bei großen Gruppen und langen Projekten: Gründen Sie ein Unterkomitee, das Empfehlungen für die Gruppe ausarbeitet. Schon zwei Leute finden mehr Gehör als eine einzelne Stimme.

MENSCHENMASSEN

01

02

Mitten in einer Menschenmasse zu stecken, kann Glücksgefühle auslösen oder traumatisieren: ersteres, wenn wir bei einem Rockkonzert die Hände hochreißen oder beim Karneval hinter einem Wagen hertanzen; letzteres, wenn alle in panischer Angst vor einem Brand davonrennen oder wir bei einer Demo in den Schwarzen Block geraten.

In großen Menschenmengen werden Emotionen verstärkt, und es kann zu extremem Verhalten kommen. Leute tun Dinge, die ihnen alleine nie in den Sinn kämen. Manchmal wirkt die Masse wie eine Einheit, die von ihren Bestandteilen losgelöst ist.

Von einem „Geist der Massen" sprach erstmals der französische Universalgelehrte Gustave le Bon in seinem 1895 erschienenen Werk *Die Psychologie der Massen*. Le Bon schrieb: „Der Einzelne ist nicht mehr er selbst, er ist ein Automat geworden, dessen Betrieb sein Wille nicht mehr in der Gewalt hat. […] Er hat die Unberechenbarkeit, die Heftigkeit, die Wildheit, aber auch die Begeisterung und den Heldenmut ursprünglicher Wesen." In den folgenden Jahrzehnten wurde die Dynamik von Kollektivverhalten erforscht. Heute wissen wir, dass mehrere Faktoren nötig sind, um das von Le Bon beschriebene „ursprüngliche Wesen" hervorzubringen. Nachfolgend werden verschiedene Arten von Massen mit je anderen Verhaltensweisen beschrieben.

01. Zufällige Massen entstehen, wenn viele Leute zur gleichen Zeit am gleichen Ort sind. Sie identifizieren sich nicht mit der Masse, sind sich nicht bewusst, ein Bestandteil von ihr zu sein, folgen aber bestimmten, teilweise ausgefeilten Verhaltensweisen, z. B. Ausweichmanöver in einer überfüllten Fußgängerzone.

02. Konventionelle Massen scharen sich um eine zentrale Attraktion, z. B. einen Film oder ein Konzert, aber Teil einer Masse zu sein,

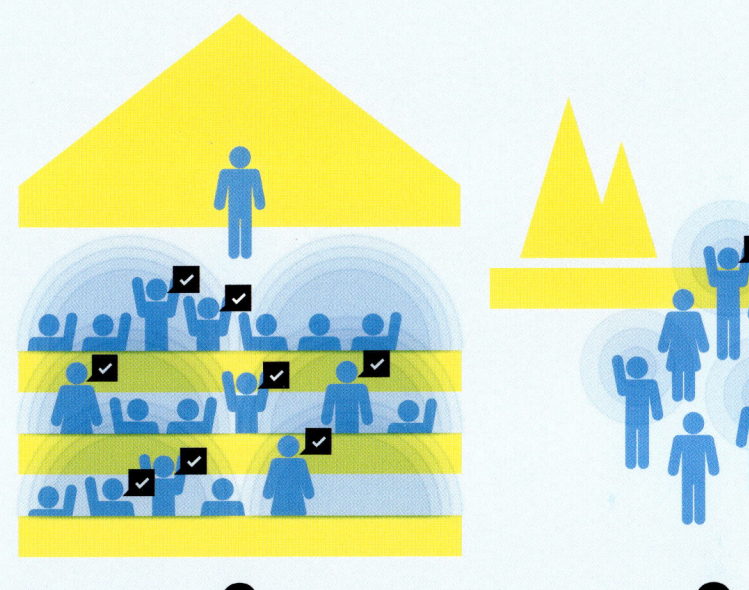 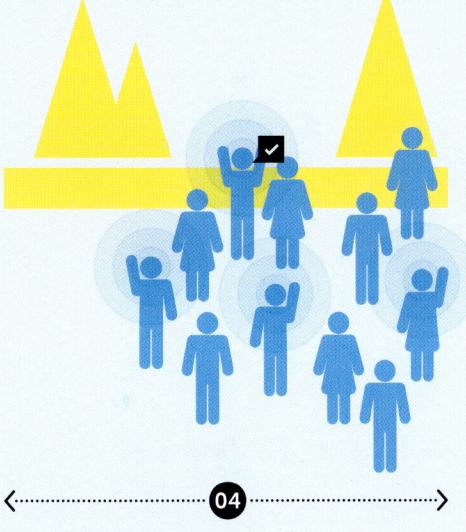

steht für sie nicht im Fokus. Die Mitglieder verhalten sich mehr oder weniger neutral zueinander, ein gemeinschaftlicher Ausdruck von Emotionen ist nicht unbedingt nötig, kann aber in Form von Applaus oder anderem Publikumsverhalten auftreten. Es gibt kein über das Event hinausgehendes gemeinsames Ziel oder Projekt.

03. Expressive Massen bestehen aus Leuten, die in erster Linie zusammenkommen, um gemeinsame Gefühle zum Ausdruck zu bringen. Anlass ist zwar oft ein zentrales Event, wie z. B. eine religiöse Begegnung, aber die Hauptmotivation für die meisten Teilnehmenden ist es, Teil der Masse zu sein; ohne die anderen wäre das Event sinnlos. Gefühle werden in einem Kontext der Zustimmung ausgedrückt (jubeln, klatschen, singen). Die erzeugten Emotionen sind generell positiv und lebensbejahend, auch wenn es sich um einen Protestzug handelt.

04. Aktive Massen versammeln sich mit der Absicht, selbst das Ereignis zu sein. Flashmobs z. B. sind große Menschengruppen, die plötzlich im öffentlichen Raum auftauchen und eine Performance präsentieren. Sie organisieren das im Vorfeld, haben aber sonst keine Verbindungen zueinander.

Die häufigere Form sind Menschen, die sich versammeln um Protest zum Ausdruck zu bringen, etwa auf einer politischen Kundgebung oder Großdemonstration. Die Teilnehmenden sind bereits im Vorfeld in einem emotional aufgewühlten Zustand.

Abgesehen von der aktiv-aggressiven Variante, ist an Massen *per se* nichts Bedrohliches oder Instabiles: Sie bilden sich, erfreuen sich am jeweiligen Zweck und zerstreuen sich wieder. Unter bestimmten Umständen kann es bei Leuten *en masse* allerdings zu plötzlichen und extremen Stimmungsumschwüngen und Verhaltensänderungen kommen.

ANSTECKUNGSTHEORIE

1963, kurz nachdem die Beatles erstmals die Hitparaden anführten, buchte sie der Veranstalter Andi Lothian für das Odeon Theatre in Glasgow. Als sie auf die Bühne kamen, flippte das Publikum total aus, Lothian beschrieb es als „absolutes Pandämonium. Die ganze Halle verfiel in einen Zustand der kollektiven Hypnose."

Seitdem wurde ein Verhalten im Stile der „Beatlemania" bei bestimmten Veranstaltungen zur akzeptierten Norm. Doch auch der glühendste Fan bekäme wohl keinen Schreikrampf, sähe er das Konzert alleine an.

Die Wandlung von friedlicher Zusammenkunft zum frenetischen Mob findet statt, wenn mindestens zwei der folgenden Bedingungen erfüllt sind:
> aufgepeitschte Emotionen
> äußere Bedrohung oder Gefahr (angeblich oder tatsächlich vorhanden)
> von außen kommende Gegnerschaft oder Opposition
> Nachahmung: Eine Person in einer Gruppe tut etwas Außergewöhnliches, andere denken, es sei „normal" für die Situation, und ahmen es nach.

Diese Bedingungen zielen auf unsere Emotionen, die, einmal ausgelöst, eine Menschenmenge in Sekundenschnelle erfassen können, vor allem, wenn die Teilnehmenden in der entsprechenden Verfassung sind. Diesen Ansteckungseffekt verdanken wir unseren Spiegelneuronen (s. S. 86). Emotionale Ansteckung ist eine wirksame Überlebenstechnik und schnell aktivierbar.

Bei Kundgebungen und ähnlichen Szenarien werden Emotionen gerne genutzt, um eine kollektive Identität zu kreieren. Auf Wahlkampfveranstaltungen beschwören Kandidaten z. B. das Gefühl einer Bedrohung von außen herauf, um die Leute durch Angst oder Groll zu einen, und präsentieren dann sich selbst als die Lösung.

Menschenmassen weisen oft ein gefährliches, erratisches Verhalten auf, aber der kollektiven Einheit wohnt auch Weisheit inne: Unter bestimmten Umständen zeigt sie ein intelligenteres Verhalten als das klügste einzelne Mitglied. Wenn ein Individuum in einer Gruppe fälschlicherweise den Eindruck erweckt, sich mit dem Thema gut auszukennen, und andere sich seinen Ideen anschließen, ist die Abweichung größer, da die Fehler verstärkt werden.

Wenn sich jedoch die Mitglieder einer Gruppe stark unterscheiden, sich auf unterschiedliche Informationsquellen beziehen und zu keiner gemeinsamen Gruppenmeinung finden, hat das Vorteile. Die Eidgenössische Technische Hochschule hat das untersucht: Stellte man einer Gruppe eine Frage, welche die Mitglieder nicht exakt beantworten konnten, z. B. die Länge eines Flusses, war die Bandbreite ihrer Antworten schmaler, wenn sie die Frage diskutierten, und alle Antworten lagen daneben. Wenn aber jeder Einzelne seinen Vorschlag vorbrachte, ohne mit den anderen zu sprechen, war der Variationsbereich größer, aber der Wert im Zentrum ziemlich exakt.

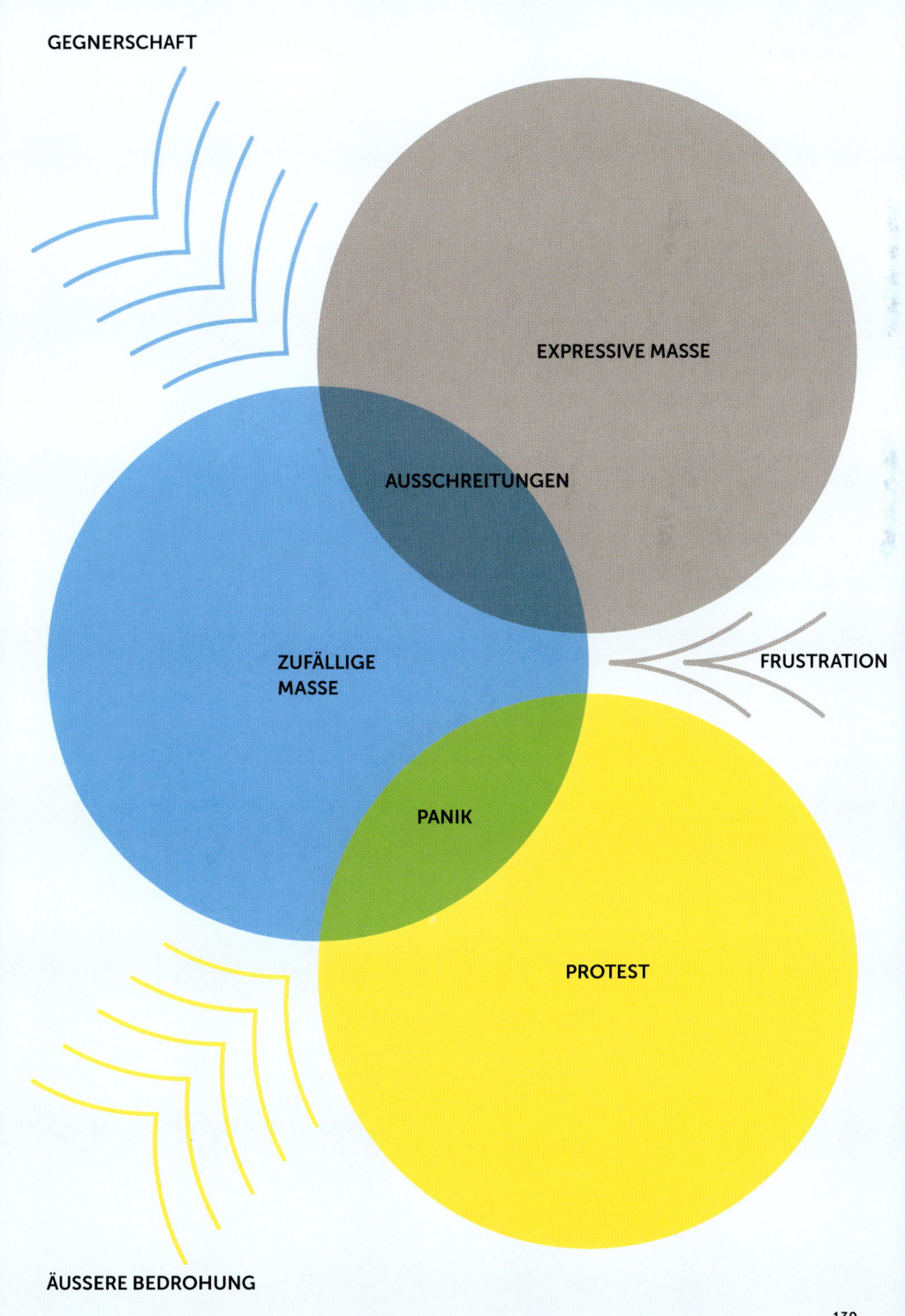

TOOLKIT

17

Die Größe menschlicher Gruppen ist durch die Zahl an Beziehungen begrenzt, die jede Person handhaben kann. Eine Möglichkeit, die Gruppe zusammenzuhalten, ist das gemeinsame Plaudern, das Äquivalent zum Lausen der anderen Primaten. Diese Verbindungen helfen uns, Verhalten zu ermitteln und – in manchen Fällen – zu beeinflussen.

18

Familien sind die engste soziale Gruppe und auf der ganzen Welt zu finden. Der „Klebstoff", der nahe Verwandte aneinander bindet, ist ein Hormon und Neurotransmitter namens Oxytocin, dessen Konzentration steigt, wenn eine Person sich in der Nähe ihrer Bezugspersonen aufhält, und fällt, wenn sie sich von ihnen entfernt. Ein hohes Oxytocin-Niveau ruft ein Gefühl der Sicherheit und Geborgenheit hervor und hält automatisch die innerfamiliäre Bindung aufrecht.

19

Unser Bedürfnis, einer Gruppe anzugehören, ist so ausgeprägt, dass wir regelmäßig unsere Sichtweisen und Meinungen ändern, um mit der Mehrheit übereinzustimmen. Wenn sich dieses „Gruppendenken" in wichtigen Situationen durchsetzt – etwa, wenn militärische oder politische Entscheidungen gefällt werden –, kann das vernichtende Folgen haben.

20

Eine Menschenmenge kann sich in einen Mob verwandeln, wenn bestimmte Faktoren gegeben sind. Die Massen müssen emotional aufgebracht sein, vor einer Herausforderung stehen und bestimmte Individuen enthalten, die extreme Verhaltensweisen an den Tag legen, welche von anderen nachgeahmt werden. Das Verhalten der Masse zu verstehen ist entscheidend, um Verhalten vorhersagen zu können.

BUILD + BECOME

ZUR VERTIEFUNG

LESEN

How Many Friends Does One Person Need?
Robin Dunbar (Faber & Faber, 2011)

Klatsch und Tratsch.
Warum Frauen die Sprache erfanden
Robin Dunbar (Goldmann, 2000)

Oxytocin, das Hormon der Nähe.
Gesundheit – Wohlbefinden – Beziehung
Kerstin Uvnäs-Moberg (Spektrum, 2016)

The Child, the Family, and the Outside World
Donald W. Winnicot (Penguin, 2000)

The Power of Others
Michael Bond (Oneworld, 2014)

Psychologie der Massen
Gustave le Bon (Null Papier Verlag, 2016)

ANSCHAUEN

Die zwölf Geschworenen
Dieser US-Filmklassiker aus dem Jahr 1957 zeigt, wie Menschen durch Gruppendenken zu einer fatalen Schlussfolgerung gelangen – und wie eine klar denkende Person die anderen wachrütteln kann.

STUDIEREN

www.study.com/academy/lesson/group-think-definition-examples.html
Der Online-Kurs beschäftigt sich mit Gruppendenken (in englischer Sprache).

EPILOG

Es gibt 7,5 Milliarden Menschen auf der Welt, und jeder hat eigene Ziele, Träume, Erlebnisse und Meinungen. Doch wir leben alle in einem recht ähnlich gebauten Körper mit ähnlichen Bedürfnissen, der bestimmt, wie wir unsere Welt wahrnehmen. Unsere gemeinsame Biologie und die daraus erwachsenden psychologischen Notwendigkeiten (wie das Bedürfnis nach Sicherheit und Zuneigung) sind der Ausgangspunkt für gegenseitiges Verständnis.

In diesem Buch habe ich versucht, ausgehend von unseren biologischen Gemeinsamkeiten, eine Übersicht über die wichtigsten Strukturen des menschlichen Verhaltens zu geben. Der Fokus liegt auf Dingen, die uns verbinden, in denen wir einander ähneln, nicht auf dem, was uns trennt.

Allgemeine Menschenkenntnis hilft jedoch nicht automatisch, das Verhalten einer bestimmten Person zu einem bestimmten Zeitpunkt zu verstehen. Es wird immer Situationen geben, in denen jemand sein Gegenüber verblüfft oder enttäuscht. Wenn das geschieht, ist es ganz natürlich, irgendeine Erklärung für das Verhalten der Person zu suchen. Unser Bedürfnis, einander zu verstehen, entspringt vor allem der Tatsache, dass wir als soziale Wesen abschätzen können wollen, was andere als nächstes tun werden – in einem Zustand der Unwissenheit zu verharren, ist äußerst unangenehm. So greifen wir nach jeder Diagnose, die gerade modern ist, z. B. „bipolar", und drücken sie Leuten auf, die wir nicht verstehen. Und dann sorgen wir dafür, dass wir nur noch jene Anteile der Person wahrnehmen, die unser Urteil zu bestätigen scheinen.

Das hat jedoch nichts mit Menschenkenntnis zu tun – das ist Stigmatisierung. Einer Person einen Stempel aufzudrücken, hilft nicht, sie zu verstehen, sondern verstellt den Blick auf das, was wirklich in ihr vorgeht.

Dies ist also eine ausdrückliche Warnung davor, zu viel in das Verhalten eines Individuums hineinzuinterpretieren, vor allem, wenn es sich um ein einmaliges Vorkomm-

Unser Bedürfnis, einander zu verstehen, entspringt vor allem der Tatsache, dass wir als soziale Wesen abschätzen können wollen, was andere als nächstes tun werden – in einem Zustand der Unwissenheit zu verharren, ist äußerst unangenehm.

nis handelt. Zudem kann das Verhalten einer Person im Rahmen eines geschäftlichen Meetings ganz anders sein als auf einer privaten Party – solange man jemanden nicht in vielen verschiedenen Situationen erlebt und Verhaltensmuster beobachtet hat, kennt man ihn nicht. Wenn man also jemanden neu kennenlernt, sollte man versuchen, das ungemütliche Gefühl der Unsicherheit eine Weile auszuhalten.

Außerdem gibt es eine ganz einfache Methode, etwas über jemanden herauszufinden: fragen. Viele Menschen unterliegen der „Illusion der Transparenz": Sie gehen davon aus, dass ihre Gedanken, Gefühle und Absichten für ihr Gegenüber klar ersichtlich sind. In Wirklichkeit macht man sich aber oft völlig falsche Vorstellungen von jemandem – auch hier lohnt das Nachfragen!

Nicht vergessen: Auch hier gilt das Prinzip der Gegenseitigkeit! Wer andere „lesen" will, sollte darauf achten, für die anderen ebenfalls „lesbar" zu sein.

BIBLIOGRAFIE

Ambady, Nalini, Skowronski, John J. (Hrsg.) *First Impressions* (Guilford Press, 2008).
Ariely, Dan: *Denken hilft zwar, nützt aber nichts. Warum wir immer wieder unvernünftige Entscheidungen treffen* (Droemer, 2015).
Baron-Cohen, Simon: *Frauen denken anders. Männer auch.* (Heyne, 2009).
ders.: *Vom ersten Tag an anders. Das weibliche und das männliche Gehirn* (Heyne, 2006).
Byron, Christopher M.: *Testosterone Inc. Tales of CEOs Gone Wild* (Wiley, 2008).
Carré, Justin M., McCormick, Cheryl M.: *'In Your Face. Facial Metrics Predict Aggressive Behaviour in the Laboratory and in Varsity and Professional Hockey Players.'* Proceedings of the Royal Society of London, B (Biology) 2008; 2785(1651).
Choleris, Elena, Pfaff, Donald W., Kavaliers, Martin: *Oxytocin, Vasopressin and Related Peptides in the Regulation of Behavior* (Cambridge University Press, 2013).
Cialdini, Robert: *Pre-Suasion. Wie Sie bereits vor der Verhandlung gewinnen* (Campus Verlag, 2017).
Clearfield, Dylan: *Micro-Expressions. Reading Anyone's Secret Thoughts* (G. Stempien Publishing Company, 2015).
Costa, Paul T., Widiger, Thomas A. (Hrsg.): *Personality Disorders and the Five-Factor Model of Personality* (American Psychological Association, 2012).
Dael, N., Mortillaro, M., Scherer, K.R.: *'Emotion Expression in Body Action and Posture.'* Emotion 2012; 12(5): 1085–1101.
Daniels, David, Price, Virginia *The Essential Enneagram. The Definitive Personality Test and Self-Discovery Guide* (HarperOne, 2009).
Draper, Michael: *How to Analyze People. Analyze & Read People with Human Psychology, Body Language, and the 6 Human Needs* (CreateSpace Independent Publishing Platform, 2015).
De Raad, Boele, Perugini, Marco: *Big Five Assessment* (Hogrefe & Huber, 2002).
Doherty, Martin J.: *Theory of Mind. How Children Understand Others' Thoughts and Feelings* (Psychology Press, 2008).

Ekman, P., Friesen, W.V., O'Sullivan, M. et al.: *'Universals and Cultural Differences in the Judgments of Facial Expressions of Emotion.'* Journal of Personality and Social Psychology 1987; 53(4): 712–717.
Fischhoff, B., Slovic, P., Lichtenstein, S. *'Knowing with Certainty. The Appropriateness of Extreme Confidence.'* Journal of Experimental Psychology. Human Perception & Performance 1977; 3(4): 552–564.
Gillibrand, Rachel: *Developmental Psychology* (Pearson, 2016).
Gilovich, Thomas: *How We Know What Isn't So. Fallibility of Human Reason in Everyday Life* (Free Press, 1993).
Gilovich, Thomas, Ross, Lee: *The Wisest One in the Room. How To Harness Psychology's Most Powerful Insights* (Oneworld Publications, 2016).
Hadnagy, Christopher: *Die Kunst des Human Hacking. Social Engineering* (mitp, 2011).
Hallinan, Joseph T.: *Lechts oder rinks. Warum wir Fehler machen* (Ariston, 2009).
Hassin, R., Trope, Y. *'Facing Faces. Studies on the Cognitive Aspects of Physiognomy.'* Journal of Personality and Social Psychology 2000; 78(5): 837–852.
Hinshelwood, Robert, Robinson, Susan, Zarate, Oscar: *Introducing Melanie Klein. A Graphic Guide* (Icon Books Ltd, 2011).
Howard, Pierce J., Mitchell Howard, Jane: *Führen mit dem Big-Five-Persönlichkeitsmodell. Das Instrument für optimale Zusammenarbeit* (Campus Verlag, 2008).
Hurlemann, René, Grinevich, Valery (Hrsg.): *Behavioral Pharmacology of Neuropeptides. Oxytocin (Current Topics in Behavioral Neurosciences)* (Springer, 2017).
Keating, C.F.: *'Gender and the Physiognomy of Dominance and Attractiveness.'* Social Psychology Quarterly 1985; 48(1): 61–70.
Kroeger, Otto, Thuesen, Janet M.: *Type Talk: The 16 Personality Types That Determine How We Live, Love, and Work* (Dell, 2013).
Lapwort, Phil, Sills, Charlotte: *An Introduction to Transactional Analysis: Helping People Change* (Sage Publications Ltd, 2011).

Lefevre, C.E., Lewis, G.J., Perrett, D.I. et al: *'Telling Facial Metrics: Facial Width Is Associated with Testosterone Levels in Men.'* Evolution and Human Behavior 2013; 34(4): 273–279.

Loeb, Daniel E.: *Deception Detection. A Pocket Guide to Statement Analysis, Micro-Expressions, Body Language, Interviews and Interrogations.* (CreateSpace Independent Publishing Platform, 2013)

Lowe, Gordon R.: *'Eye Colour and Personality.'* Personality and Individual Differences 2010; 49(1): 59–64.

Martin, Everett Dean: *The Behavior of Crowds. A Psychological Study* (Martino Fine Books, 2014).

McGarty, Craig (Hrsg.): *Stereotypes as Explanations. The Formation of Meaningful Beliefs about Social Groups* (Cambridge University Press, 2002).

Mcraney, David: *Ich denke, also irre ich. Wie unser Gehirn uns jeden Tag täuscht* (mvg Verlag, 2012).

Mooney, Carol Garhart: *Theories of Attachment: An Introduction to Bowlby, Ainsworth, Gerber, Brazelton, Kennell, and Klaus* (Redleaf Press, 2009).

Nahai, Nathalie: *Webs of Influence. The Psychology of Online Persuasion* (Pearson Business, 2017).

Penton-Voak, L.S., Jones, B.C., Little, A.C. et al.: *'Symmetry, Sexual Dimorphism in Facial Proportions and Male Facial Attractiveness.'* Evolution and Human Behavior 1999; 20(5): 295–307.

Pitterman, Hallee, Nowicki Jr, Stephen: *'A Test of the Ability to Identify Emotion in Human Standing and Sitting Postures. The Diagnostic Analysis of Nonverbal Accuracy-2 Posture Test (DANVA2-POS).'* Genetic, Social, and General Psychology Monographs 2004; 130(2): 146–162.

Rauthmann, J.R., Seubert, C.T., Sachse, P. et al.: *'Eyes as Windows to the Soul. Gazing Behavior Is Related to Personality.'* Journal of Research in Personality 2012; 46(2): 147–156.

Reason, James: *Menschliches Versagen. Psychologische Risikofaktoren und moderne Technologien* (Spektrum, 1994).

Runciman, W. G., Maynard Smith, J., Dunbar, R.I.M.: *Evolution of Social Behaviour Patterns in Primates and Man* (British Academy, 1996).

Schulz, Kathryn: *Richtig irren. Von falschen Glaubenssätzen, Denkfehlern, Fehlurteilen und der kreativen Kraft unserer Fehlbarkeit* (Riemann, 2011).

Schyns, B., Sanders, K.: *'In the Eyes of the Beholder. Personality and the Perception of Leadership.'* Journal of Applied Social Psychology 2007; 37(10): 2345–2363.

Stangor, Charles (Hrsg.): *Stereotypes and Prejudice. Essential Readings* (Routledge, 2000).

Stewart, Ian, Joines, Vann: *Die Transaktionsanalyse* (Herder, 2000).

Sunstein, Cass R., Hastie, Reid: *Wiser. Getting Beyond Groupthink to Make Groups Smarter* (Harvard Business Review Press, 2014).

Tsvetkov, Yanko: *Atlas der Vorurteile. Die Welt in Stereotypen – alle Karten in einem Band* (Goldmann, 2018).

Uvnäs-Moberg, Kerstin: *Oxytocin. The Biological Guide To Motherhood* (Praeclarus Press, 2016).

Vedantam, Shankar: *The Hidden Brain. How Our Unconscious Minds Elect Presidents, Control Markets, Wage Wars, and Save Our Lives* (Spiegel & Grau, 2010).

Weinschenk, Susan *How to Get People to Do Stuff. Master the Art and Science of Persuasion and Motivation* (New Riders, 2013).

Wezowski, Kasia, Wezowski, Patryk: *The Micro Expressions Book for Business* (New Vision, 2012).

Widiger, Thomas A. (Hrsg.): *The Oxford Handbook of the Five Factor Model* (Oxford University Press, 2017).

Wiggins, Jerry S.: *The Five-Factor Model Of Personality. The Theoretical Perspectives* (Guildford Press, 1996).

Willis, J., Toderov, A.: *'Making Up Your Mind After a 100-Ms Exposure to a Face.'* Psychological Science 2006; 17(7): 592–598.

Winnicott, Donald W.: *Familie und individuelle Entwicklung* (Psychosozial-Verlag, 2017).

DIE AUTORIN

Rita Carter hat einige preisgekrönte Bücher veröffentlicht. Die wissenschaftliche Fachautorin mit dem Schwerpunkt Medizin und Hirnforschung lehrt in Seminaren und leitet internationale Workshops. Ihr Spezialgebiet ist das menschliche Gehirn: Was es tut, wie es das tut und warum. Auf Deutsch erschienen sind bislang „*Das Gehirn*" (Dorling Kindersley), „*Gehirn und Geist*" (Spektrum) und „*Atlas Gehirn. Entdeckungsreise durch unser Unterbewusstsein*" (Schneekluth).

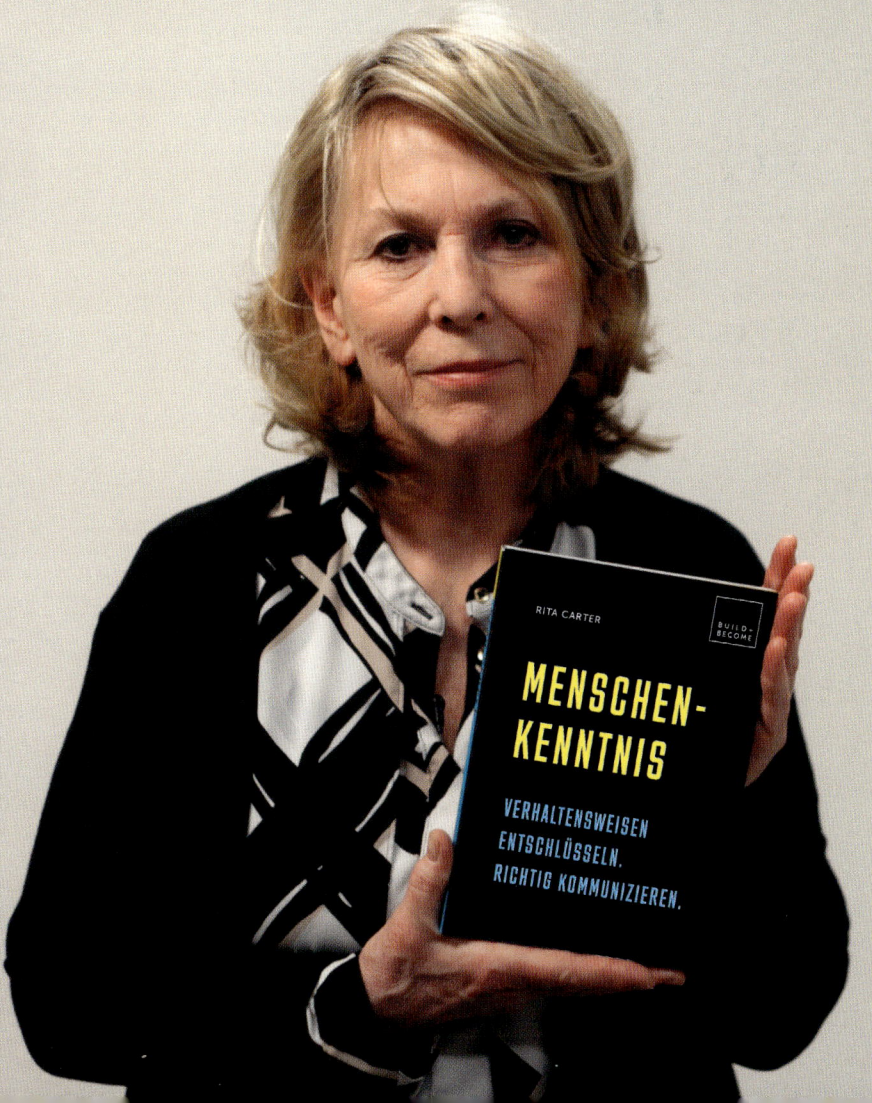

EBENFALLS LIEFERBAR:

Wir leben länger als je zuvor und können dank immer neuer technischer Errungenschaften unvorstellbare Dinge realisieren. Aber warum mangelt es uns immer an Zeit? In 20 erhellenden Lektionen offenbart uns Catherine Blyth auf der Grundlage neuester Erkenntnisse aus Naturwissenschaft und Psychologie, warum uns die Zeit davonläuft, und gibt uns Instrumente an die Hand, um sie zurückzuholen.

Warum vergeht Zeit immer dann am schnellsten, wenn wir uns Verlangsamung wünschen? Wie können wir unser Tempo beeinflussen und warum passiert es uns ständig, dass wir Zeit vergeuden oder falsch einschätzen?

Aber wir können den Zeitfressern Einhalt gebieten, indem wir unsere innere Uhr neu einstellen, unseren Tagesablauf optimieren, uns am Augenblick erfreuen und die Langsamkeit entdecken. So lernen wir nicht nur, unsere Zeit zu genießen, sondern werden auch mehr erreichen.

Catherine Blyth ist Autorin, Redakteurin und war auch schon journalistisch tätig. Ihre Bücher, darunter *The Art of Conversation* und *On Time*, wurden weltweit veröffentlicht. Sie schreibt u. a. für *Daily Telegraph*, *Daily Mail* und *Observer* und moderiert die Radiosendung *Does Happiness Write White?* bei BBC Radio 4. Sie lebt in Oxford.

ZEIT IST DEIN LEBEN: STOPPE DIE ZEITFRESSER!

Adam Ferner nimmt uns mit auf einen kurzen und intensiven Lehrgang zu den wichtigsten philosophischen Konzepten und zeigt, dass die Philosophie uns hervorragende Instrumente an die Hand gibt, um den Herausforderungen der Welt von heute zu begegnen. Nicht umsonst heißt Philosophie im Altgriechischen „Liebe zur Weisheit".

Angesichts der ethischen und moralischen Probleme, die unser moderner Lebensstil aufwirft, und der Bedeutung von Sozialkompetenz, lehrt uns die Philosophie, die richtigen Fragen zu stellen – und zu akzeptieren, dass wir nicht auf alle eine Antwort finden.

20 dynamische Lektionen führen uns von den Klassikern der Philosophiegeschichte zu den fortschrittlichsten Denkern unserer Zeit und machen Lust, ausgetretene Denkpfade zu verlassen und sich mit tiefgreifenden Themen zu beschäftigen.

Der Philosoph **Adam Ferner** hat in Frankreich und Großbritannien gelehrt, philosophiert aber am liebsten außerhalb des Elfenbeinturms. Neben seiner Lehr- und Forschungstätigkeit an der Universität schreibt er regelmäßig für *The Philosophers' Magazine*, arbeitet am Royal Institute of Philosophy und unterrichtet in Schulen und Jugendzentren in London.

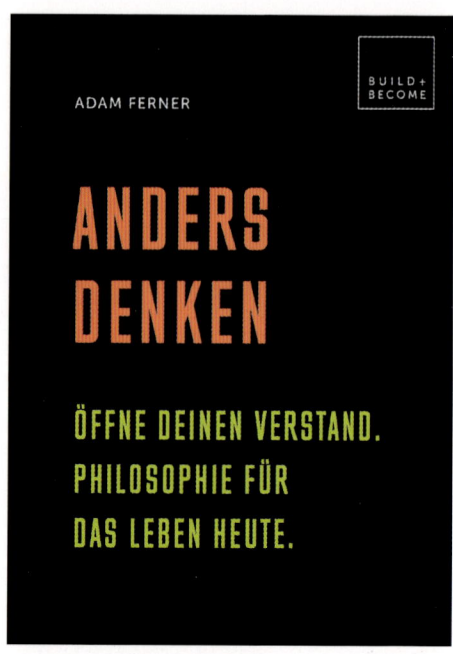

MIT PHILOSOPHIE IDEEN UND KRAFT FÜR DAS MODERNE LEBEN SCHÖPFEN.

„Dieses Buch heißt *Kreativ sein*. Achten Sie auf das Verb: ‚sein', nicht ‚werden'! Das ist wichtig, denn ich kann Ihnen versprechen: Sie müssen sich nicht erst auf eine lange Reise hin zur Kreativität begeben, sondern Sie *sind* bereits kreativ!"

Mithilfe von 20 praktischen, effektiven Übungseinheiten und zahlreichen Grafiken, die den dargestellten Sachverhalt anschaulich illustrieren, zeigt Michael Atavar Wege auf, Geist und Seele zu öffnen, eine neue Perspektive einzunehmen und die Kreativität zu entfesseln, die in jedem von uns steckt.

Egal, welche Leidenschaft man hegt, welche Kunst man ausübt oder welche Ziele man verfolgt – dieses Buch führt die Leser vom ersten, brillanten Einfall durch alle kniffeligen Entwicklungsschritte hindurch, bis tief schlummernde Ideen wahr werden.
Wir tun häufig so, als sei Kreativität etwas, das losgelöst von uns stattfindet. In Wirklichkeit aber, und das beweist dieses Buch, ist das schöpferische Element Teil unseres innersten Wesens.

Michael Atavar ist Künstler und Autor. Er hat vier Bücher über Kreativität verfasst – *How to Be an Artist, 12 Rules of Creativity, Everyone Is Creative* und *How to Have Creative Ideas in 24 Steps*. Er bietet Einzel-Coachings an, leitet Workshops und hält Vorträge; es lohnt, seine Website anzuschauen: www.creativepractice.com

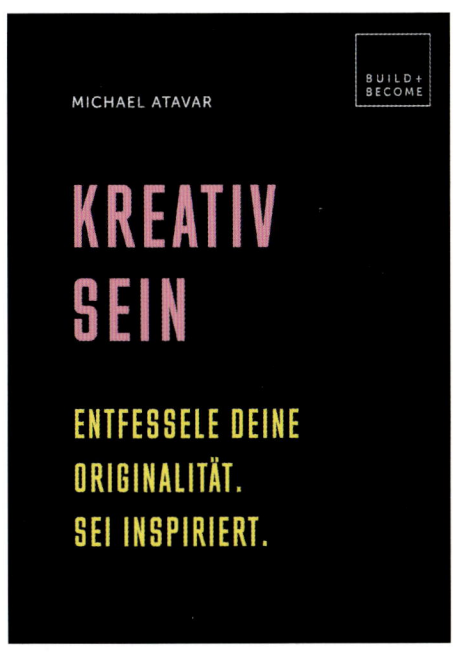

KREATIVITÄT FÄNGT BEI DIR AN!

LESEPROBE AUS *KREATIV SEIN*

KRÜMEL, IDEEN

Es gibt keinen Teil der Kreativität, in dem es nicht ums Hinsehen, Achtgeben, Wahrnehmen geht. Nehmen Sie also das Alltägliche in den Blick – die Materialien, die sie umgeben, was auf dem Gehweg vor Ihnen landet, die Fragmente der Welt.

Tun Sie dies zunächst, indem Sie es in Ihr Notizbuch schreiben.

+ DIE ÜBUNG

Um das zu erreichen, wende ich einen Trick an. Ich nenne ihn „Sehhilfe":

Schreiben Sie 1 Minute lang auf, was Sie sehen. Den Stift nicht absetzen!

Heften Sie den Blick auf das, was Sie beschreiben, ignorieren Sie alles andere. Ich finde, das hilft. Es ist völlig egal, wie unleserlich das Geschriebene ist. Machen Sie das Papier zum Action-Ereignis, bei dem Ihr Schreiben Regie führt.

Die Aufgabe besteht darin, nicht aufzuhören und alle Fehler zuzulassen – diese Fehler können später auf stimmige Weise in Ihre Praxis einfließen.

Sie können diese „Sehhilfe" auf 2, 3, 5, 10 Minuten ausdehnen, wenn Sie es aushalten.

(Wenn Sie sich vorstellen können, das jeden Tag zu tun, sind Sie bald so weit, sich dem Schreiben länger zu widmen.)

Sie denken vielleicht, dass Sie nichts finden werden, aber ich habe das Gegenteil erlebt: Wenn Sie mit eigenen Augen etwas betrachten, sehen Sie die Dinge auf einzigartige Weise.

Die Zeit verlangsamt sich, der Moment wächst, alles dehnt sich aus.

Ich mache diese Übung oft, wenn ich allein im Café sitze und auf jemanden warte. In den wenigen Minuten halte ich das Geschehen um mich herum fest. Diese Form des konzentrierten Sehens hat zu einigen meiner persönlichsten, intensivsten Einzelerfahrungen geführt.

Wenn Sie Ihre Praxis auf einen einzigen Tätigkeitsbereich beschränken, z. B. „Handeln", werden Sie so lange kreativ sein, bis dieser Aktivitätsvorrat aufgebraucht ist. Dann haben Sie keinen inneren Prozess, mit dem Sie arbeiten können.

Das Szenario hört sich zwar unwahrscheinlich an (wie kann Handeln falsch sein?), ist aber ein häufiges Problem in geschäftlichen Kontexten.

Wenn Sie auf eine Mauer stoßen und die Dinge nicht so funktionieren wie früher, dann repräsentiert die Barriere ein Infragestellen Ihrer Gefühle. Wenn Sie sich mit dem befassen, was sich im Innern befindet, löst sich das Problem in der Regel auf.

Neulich saß ich im Londoner West End in der Filiale einer Fastfood-Kette. Ich blickte durch die großen Fenster auf die Straße, betrachtete die Kirche gegenüber und schrieb in mein Notizbuch, notierte einfach meine Eindrücke.

(Manchmal schaue ich gar nicht aufs Papier.)

Angeregt vom Name des Gebäudes, „Mariä-Himmelfahrt-Kirche", folgte ich meinem kreativen Prozess und kam vom Nachdenken über den katholischen Glauben zu der Frage: Was habe ich in letzter Zeit geglaubt, für wahr gehalten? Das ist ein gutes Beispiel für einen Prozess – ich schrieb eine Liste dieser „geglaubten" Dinge, 20 Elemente in einer langen Reihe untereinander.

In der Stille dieses Augenblicks war ich ganz in meine Kreativität vertieft, von der Begrenztheit des Jetzt absorbiert.

Dieses Beispiel zeigt auch, wie mehrere der Strategien, die Sie in diesem Buch kennengelernt haben, sich zu einer komplexen Aktivität verbinden können:

> Listen
> Sehhilfe
> Prozess
> Innere Kamera
> Handeln

Wenn Sie das Schöpferische aktivieren, werden Sie nicht in einem Bereich stehenbleiben, sondern zwischen Formen und Erfahrungen hin- und herspringen, diverse Talente nutzen usw. Dieser physisch aktivierte Schmelztiegel ist es, aus dem Kreativität entsteht.

59

LESEPROBE AUS *KREATIV SEIN*

08
BUILD +
BECOME

NEUGIERIG, OFFEN, UNENTSCHLOSSEN

Wenn Sie das Gefühl haben, nicht über die Fähigkeiten zu verfügen, um sich an diese Aufgaben zu wagen, hier eine Abkürzung zum kreativen Prozess – mithilfe von Farben.

Farben reißen Grenzen ein und schubsen Sie direkt und bedingungslos nach vorne.

+ DIE ÜBUNG

Wählen Sie rasch drei Farben aus Ihrer unmittelbare Umgebung aus, z. B.:

> **Knalliges Orange**
> **Schmutziges Weiß**
> **Lackierte Holzkante**
> **Gelber Punkt**
> **Intensives Rot**

(Es ist egal, welche Sie aussuchen.)

Bringen Sie die drei Farben in einen narrativen Zusammenhang, nicht unbedingt als Geschichte, eher als Eindruck – ein Gefühl, das in allen dreien mitschwingt. Nun wählen Sie eine der Farben aus, schauen sie direkt an, bis sie Ihr gesamtes Sichtfeld ausfüllt, schließen die Augen und lassen es wirken.

Dann blättern Sie zurück auf Seite 44 und kombinieren Ihre drei Worte aus der Übung mit der hier gewählten Farbe.

Legen Sie die Wörter und die Farbe physisch auf den Tisch.

Vielleicht ist es die Farbe „knalliges Orange" mit den Wörtern:

> **Neugierig?**
> **Offen?**
> **Unentschlossen?**

Welche Bedeutung haben die Farbe und die Wörter für Sie?

Gibt es eine Reise, die Sie gemacht haben, während Sie Kapitel 2 gelesen haben, die sich in Ihrer Auswahl widerspiegelt?
Wenn ja, was heißt das?

60

DANKSAGUNG

Mein Dank geht an all die brillanten Wissenschaftler, deren Werk ich für dieses Buch zu Rate gezogen habe, an Peter Tallack von Science Factory, an meine Redakteurin Lucy Warburton für ihre aufopfernde Geduld und Gründlichkeit und an Richard, der (wie er sagt) viele lästige Tätigkeiten übernommen und mir damit ermöglicht hat, an diesem Buch zu arbeiten.